***ACCESO GRATIS** a la Lectura en la Nube*

Para visualizar el libro electrónico en la nube de lectura envíe junto a su nombre y apellidos una fotografía del código de barras situado en la contraportada del libro y otra del ticket de compra a la dirección:

ebooktirant@tirant.com

En un máximo de 72 horas laborales le enviaremos el código de acceso con sus instrucciones.

LA CALIFICACIÓN DE LAS ELECCIONES EN EL SISTEMA ELECTORAL MEXICANO

Estudio jurídico – político

LA CALIFICACIÓN DE LAS ELECCIONES EN EL SISTEMA ELECTORAL MEXICANO

Estudio jurídico – político

RAFAEL ESTRADA SÁMANO

tirant lo blanch
Ciudad de México, 2024

© EDITA: TIRANT LO BLANCH
DISTRIBUYE: TIRANT LO BLANCH MÉXICO
Av. Tamaulipas 150, Oficina 502
Hipódromo, Cuauhtémoc
CP 06100, Ciudad de México
Telf: +52 1 55 65502317
infomex@tirant.com
www.tirant.com/mex/
www.tirant.es
ISBN: 978-84-1056-090-1
MAQUETA: Disset Ediciones

DEDICATORIAS[*]

Sea este trabajo

PARA MIS PADRES,	*feliz culminación de su fecunda labor formativa;*
PARA MI PATRIA,	*deseo ferviente de que se supere en todos los órdenes;*
PARA MI ESCUELA,	*modesta aportación a su enorme caudal de cultura jurídica;*
PARA MIS MAESTROS,	*testimonio de imperecedera gratitud;*
PARA MI NOVIA,	*un paso más hacia nuestra completa y perfecta unión;*
PARA MIS COMPAÑEROS Y AMIGOS,	*invitación a reflexionar, serena y profundamente, en los graves problemas de México.*

[*] Puestas por el autor en la edición original de este estudio, año 1972.

"Hace media centuria, un maestro insigne volvía los ojos a la generación del 55 y, deteniéndose por un momento en su peregrinación, alcanzaba a descubrir allá, a lo lejos, la sierra abrupta que traspuso la caravana. Estamos ya a gran distancia de tan amargos días y de tan deplorables condiciones —decía—, y el hecho de que una generación haya sido bastante a modificarlas tan favorablemente, autoriza nuestra confianza en lo porvenir y debe alentar nuestra fe.

Engañoso espejismo de un futuro mejor, al que todavía hoy tendemos las manos, próximas como entonces a tocarlo. Mientras no desertemos del ademán, habremos salvado para los que vengan, con la dignidad cívica, el principio de la esperanza. Cada generación aventura su propia quimera y no titubea al emprender su jornada sombría hacia la luz .Todo, menos la espera sin esperanza".

Felipe Tena Ramírez.

Índice

Prólogo

UN PIONERO DE LA JUSTICIA ELECTORAL

Quien da los primeros pasos en alguna actividad humana, aunque no inicie propiamente la exploración de novísimas tierras, se le denomina "pionero". Y eso es lo que en los primeros años setenta del siglo pasado hizo el entonces estudiante de la Escuela Libre de Derecho, Rafael Estrada Sámano: en su tesis para obtener el título de Abogado, dio los primeros pasos en la construcción de la justicia electoral mexicana.

A punto de graduarse del bachillerato en su natal Morelia, a mediados de la sexta década del Siglo XX, dicho pionero gestionó su ingreso a la histórica Universidad Michoacana de San Nicolás de Hidalgo; se le negó con base en una distinción evidentemente "sospechosa". Egresado de uno de los mejores colegios privados (y católicos) de la ciudad, al joven Estrada Sámano, hijo de un "padre fundador" del Partido Acción Nacional y reconocidísimo abogado allende el Valle de Guayangareo[1], la autoridad universitaria le impidió estudiar en las aulas de la Universidad pública de su lugar de origen porque, se le dijo, su formación debida a un Instituto manejado por los hermanos maristas no podía satisfacer los requisitos académicos para dicho ingreso, muy a pesar de que el solicitante exhibiera un certificado del bachillerato expedido por la U.N.A.M., máxima casa de estudios superiores a la que se encontraba incorporado el Instituto Valladolid.

Así que a Don Rafael "no le quedó de otra" que pensar en ingresar a alguna Universidad establecida fuera de Morelia, pues en ésta no existía ninguna otra facultad o escuela de derecho. Ello provocó que la Escuela Libre de Derecho se beneficiara con la

---

1 Don Miguel Estrada Iturbide.

incorporación a su vida académica (primero como estudiante y luego como catedrático) de una de las mejores mentes jurídicas del país. No exagero. La capacidad intelectual de Don Rafael, no sólo en el ámbito de lo jurídico, es por demás excepcional. El hecho de que desde muy joven fuera un interlocutor frecuente en variados temas, pero principalmente constitucionales, de Don Felipe Tena Ramírez es clara prueba de tal capacidad.

Evidentemente, la historia personal influye en los intereses intelectuales. Integrante de una familia en la que las conversaciones cotidianas abordaban temas relacionados no sólo con el derecho, sino con la filosofía, la ciencia política y la historia, Don Rafael conoció, tanto de oídas como de primera mano, los entuertos que la hegemonía de la revolución institucionalizada provocaba en la militancia panista.

Así que cuando hubo necesidad de redactar la tesis para obtener el título de abogado, a sugerencia del profesor de Seminario Don Ignacio Soto Borja, quien había leído un completísimo trabajo de investigación que el estudiante Estrada Sámano había presentado en el tercer año de estudios para acreditar esa materia, el tema de la tesis de grado ya estaba definido: la calificación de las elecciones en el sistema electoral mexicano.

Es indispensable que los lectores cuya juventud les impidió atestiguar la vida en México en los sexenios de Díaz Ordaz y Echeverría Álvarez, hagan un esfuerzo de imaginación. Entonces, las elecciones en nuestro país eran, más que una forma de renovar periódicamente a quienes gobernaban y representaban a la ciudadanía, rituales políticos desahogados conforme a la ideología de la revolución hecha gobierno, y no necesariamente conforme a una exacta aplicación de la ley.

Escribir sobre las normas jurídicas que prescribían la manera en que se calificaban las elecciones bien podía llegar a ser mirado como una extravagancia de juventud imbuida de cierto misticismo. Eso no arredró a Estrada Sámano, quien convencido de su tesis (propuesta) redactó un sólido conjunto de argumentos cuya lectura, entonces y ahora, torna irrebatible la conclusión: calificar una elección es una actividad propia de la jurisdicción.

Mientras Don Rafael acreditaba con honores su examen profesional[2], yo nacía también en Morelia. Evidentemente, no pude atestiguar la recepción que entre los pocos que del tema entendían tuvo la tesis de Estrada Sámano. Al parecer, entre esos pocos se comprendió bien la propuesta y despertó coincidencias y algunas divergencias.

Lo que sí me consta es que poco más de veinte años después de aquél laureado examen en la Escuela Libre de Derecho, la historia le dio la razón al pionero del derecho electoral mexicano. Y si bien carezco de pruebas, no dudo que las ideas de Don Rafael, y quizás también su pluma, hayan estado presentes en la redacción de las subsecuentes reformas constitucionales y legales que en materia electoral comenzaron a practicarse a partir de 1986.

Para darle una dimensión adecuada a lo que acabo de referir, se ha de considerar que las protestas estudiantiles de finales de la década de los sesenta, fueron expresión del malestar ciudadano respecto a la manera como se ejercía el poder, pero no pusieron en tela de duda ni el origen, ni la validez del mismo[3]. Quienes protestaron no buscaban subvertir el orden, sino reformarlo, ajustarlo. El reclamo se presentaba contra la forma autoritaria de gobernar, no contra el Estado emanado de la Revolución mexicana.

---

2 Integraron el jurado de dicho examen sustentado el 4 de mayo de 1972, el Lic. José Luis de la Peza como Presidente y el Lic. Antonio Martínez Báez, el Lic. Rafael Preciado Hernández, el Dr. Juventino V. Castro y Castro y el Mtro. Miguel Ángel Hernández Romo como Vocales.

3 Respecto al movimiento del 68 Córdova ha sostenido que "es probable que... en ningún momento haya puesto en peligro la existencia del sistema y, en verdad, no eran sus propósitos subvertir radicalmente el orden y cambiarlo por otro. Ello no obstante, constituyó una poderosa llamada de atención venida de abajo, del seno mismo de la sociedad, sobre situaciones que amenazaban en perspectiva la estabilidad del régimen". Cfr. Arnaldo Córdova, Sociedad y Estado en el mundo moderno, México, Grijalbo, 1984, p. 228.

La reacción violenta del régimen político generó el inicio del cuestionamiento de sus bases sociales. Las protestas no pusieron en riesgo la estabilidad del régimen, sino que las acciones de éste motivaron la percepción de que comenzaba a perder respaldo popular.

A partir de 1969, tras la enmienda constitucional que reducía la edad para votar[4], pero más concretamente desde 1970, con el comienzo del nuevo gobierno, el Estado mexicano inició un proceso de cambio o reforma de los canales de comunicación con la sociedad, ante el riesgo de su ruptura. En ese contexto, tal proceso tendrá su mayor manifestación en la reforma política de 1977. A lo largo de la década que va de 1968 a 1978 se advierte la voluntad y capacidad estatal para organizar (y por lo tanto controlar, en principio) el cambio político. La técnica empleada fue también relevante: la reforma[5].

Por una parte, desde mediados del siglo pasado, en la sierra guerrerense y oaxaqueña, y también en las calles de Monterrey, Guadalajara y la Ciudad de México comenzó a manifestarse una lucha no sólo contra la que se consideraba una burguesía explotadora del proletariado, sino también contra su aparato represor, el Estado, que había matado a estudiantes en la Plaza de las Tres Culturas y se negaba a dar libre cauce a las manifestaciones de descontento en los sindicatos, en las universidades, en los congre-

---

4 El texto original de la constitución indicaba que la calidad de ciudadano mexicano se obtenía por cumplir 18 años, siendo persona casada, o 21, siendo soltera y por tener un modo honesto de vivir; tras la reforma se estipula simplemente que la ciudadanía se adquiere al cumplir los 18 años y tener un modo honesto de vivir.

5 "En realidad, fue a partir de la propia iniciativa estatal (si bien después del shock de 1968) que se inició un desarrollo en firme del discurso renovador que ha impregnado al conjunto del quehacer social en México". Cfr. Rolando Cordera y Carlos Tello, México. La disputa por la nación. Perspectivas y opciones del desarrollo, México, Siglo XXI Editores, 1981, p. 56.

sos. Ante la cancelación de opciones legales para promover un cambio, muchos jóvenes "tiraron al monte".

Por la otra, *"incertidumbre y desconfianza* fueron las expresiones más utilizadas por los líderes empresariales para describir sus reacciones frente a la política seguida por el régimen del presidente Echeverría."[6]. Tales expresiones respondieron, no principalmente, a ciertos hechos concretos del gobierno; sobre todo, respondieron a lo que esos hechos mostraban con claridad: *la forma* del régimen político mexicano. No se trataba de que el presidente fuera socialista, o que atentara contra la propiedad privada, o que limitara la actividad empresarial, o que se aliara con los trabajadores para someter a la iniciativa privada.

La inquietud empresarial no se creó porque el presidente hiciera efectivamente alguna de esas cosas, sino porque el presidente *podía hacerlas* realmente, existía tal *posibilidad.* Esa *posibilidad* era resultado de la inexistencia de límites y controles *institucionales* efectivos a la voluntad presidencial.

En 1978 Carpizo sostuvo que la mayor limitante a un presidente mexicano era el tiempo, puesto que un pilar fundamental del régimen y del sistema políticos mexicanos era la no reelección presidencial, lo cual evitaba la permanencia de una misma persona en el cargo, dando oportunidad para que se llevara a cabo un cambio tanto de personal administrativo-político como de políticas de gobierno[7].

---

6 Cfr. Carlos Arriola, "Los grupos empresariales frente al Estado", en Los empresarios y el Estado, México, Secretaría de Educación Pública-Fondo de Cultura Económica, Colección SEP/80, 1981, p. 63. Esa incertidumbre y esa desconfianza eran generadas por la "política estatizante del Estado" respecto a la economía, así como "por la acción terrorista que mantiene en permanente vigilia al país y lo ha llenado de luto", ibidem, pp. 100 y 101.

7 Por otra parte, Daniel Levy y Gabriel Székely afirman que el cambio de presidente había alentado la estabilidad política, puesto que al "restringir el papel del debate sobre distintas políticas y la responsabilidad pública en el proceso de cambio de líderes, el sistema se protege contra

La incertidumbre referida estaba fundada en las amplias facultades constitucionales, legales y no escritas de las que gozaba el presidente[8]. No es que el régimen en sí fuera populista, sino que podía permitir *situaciones* populistas, como fue el gobierno echeverrista[9]. La presidencia de la república tenía facultades para llevar a cabo muchas cosas, y según las *reglas* (no sólo las normas jurídicas) de entonces, no encontraría limitaciones *institucionales*.

En México, durante mucho tiempo, el poder político se ejerció sin límites reconocidos y garantizados; el Estado concentraba este poder y dentro del Estado el presidente lo monopolizaba; dentro de la propia estructura constitucional, los límites al poder presidencial resultaban poco efectivos, puesto que, por efecto del

---

el triunfo, desde dentro, de un partidario de cambios políticos radicales". Cfr. Estabilidad y cambio. Paradojas del sistema político mexicano, México, El Colegio de México, 1985, p. 150.

8 Jorge Carpizo, en 1978, afirmaba que al margen de las facultades que la constitución y las leyes federales le otorgaban al titular del ejecutivo, se hallaban otras que derivaban de la jefatura real del partido de la revolución, entre las cuales este autor identificaba las de designación de su sucesor y de nombramiento de los gobernadores, lo senadores, la mayoría de los diputados y de los principales presidentes municipales; cfr. Jorge Carpizo, El Presidencialismo Mexicano, México, Siglo XXI editores, 1993, p. 191.

9 "más que instituciones esencialmente populistas, lo que hay son instituciones susceptibles de ser manejadas según la fórmula populista... es un juego de relaciones políticas en el que la influencia es más importante que las reglas y los procedimientos y en el que estos últimos con frecuencia se ven alterados por continuos acomodos, alianzas y negociaciones entre el líder y los grupos de interés". Estas situaciones populistas se han presentado en México debido a la existencia de amplias facultades presidenciales que facilitan la solución de conflictos interclasistas al margen de los mecanismos institucionales para tal efecto. La discrecionalidad, fundada muchas veces en la propia legislación, facilitaba la amigable composición entre los factores de la producción, pero al mismo tiempo generaba incertidumbre en las relaciones económicas pues la concordia social dependía de la voluntad de un solo individuo, el presidente. Cfr. Soledad Loaeza, El Partido Acción Nacional: la larga marcha. 1939-1994, México, Fondo de Cultura Económica, 1999, p. 47.

funcionamiento del sistema político, la letra de la Constitución no siempre se aplicaba de manera exacta.

Las limitantes que podía encontrar el presidente estaban fuera de las instituciones constitucionales, como por ejemplo los grupos de presión: "Jaime González Graf, examinando las principales limitaciones con que se encontró el presidente Echeverría, sostiene que fueron: las relaciones de dependencia de México respecto al exterior, el poder de inversión de las élites económicas y el poder burocrático de las organizaciones obreras"[10].

Los controles del poder presidencial no funcionaban dentro del Estado, sino fuera de éste; por tanto, quizás el objetivo no tenía que consistir en acabar con el Estado, sino en reformar la forma de gobierno.

El sistema político alteraba en tal forma el diseño institucional que la voluntad presidencial carecía de límites efectivos y controles reales. Durante mucho tiempo varios sujetos sociales se habían beneficiado de la *informalidad* del sistema, el cual facilitaba que la decisión importante fuese tomada por un solo individuo, pudiendo consistir ésta en una muy conveniente aplicación o inaplicación de la ley. Los grupos de presión y de interés por lo regular obtenían lo que buscaban, si merodeaban en el lugar correcto: cerca de la presidencia[11].

Pero ante la hiperactividad de un presidente populista, el propio sistema le dotaba a éste de las herramientas necesarias para trastocar todas las estructuras y los acuerdos operativos.

---

10 Carpizo, op. cit., p. 217.

11 La problemática de los grupos de interés y de presión que actuaban cada vez más abiertamente en las esferas presidenciales de decisión fue señalada tempranamente por Jesús Reyes Heroles, para quien estas agrupaciones representaban un riesgo potencial, cfr. "La Revolución y el desarrollo político de México" en La historia y la acción. La Revolución y el desarrollo político en México, Madrid, Seminarios y Ediciones S.A., 1972, p. 229.

El Estado mexicano era autónomo, en el sentido de que podía imponer sus decisiones a todos los grupos y clases sociales; el presidente, como jefe del Estado, ejercía un poder incontrolado e irresponsable, dada la ausencia de límites institucionales a sus designios[12]. La autonomía política del Estado no generaba ni condicionaba el ejercicio ilimitado e incontrolado del poder político, puesto que tal forma de ejercer el mando se originaba por la inexistencia de verdaderos pesos y contrapesos dentro del funcionamiento del sistema político mexicano. El problema no era la autonomía estatal, sino la forma autoritaria como se ejercía el poder político.

El Estado, que gobierna a la sociedad, debe estar por encima de las clases y grupos sociales; sin embargo, el poder estatal debe ser ejercido dentro de ciertos límites y estar sometido a diversos controles. El propio poder es el que debe detener al poder. No es deseable confundir autonomía con ejercicio incontrolado del poder, lo contrario de un Estado autónomo es un Estado de clase (que no de *clases);* lo contrario de un Estado autoritario es un Estado de Derecho. El nuestro era un Estado autónomo, pero no de Derecho.

Desde mediados de los años sesenta se advertía el riesgo de que la revolución institucionalizada se convirtiera en el único partido legalmente reconocido con presencia en las cámaras legislativas del país. Las estadísticas relacionadas con la intervención de otros partidos en los órganos legislativos y municipales, mostraban un claro declive de la participación de otros partidos políticos diferentes al gobernante. El "portento de ingeniería política" que se había construido en el decenio anterior (elecciones no competiti-

---

12 "La expresión concreta de esa autonomía estatal era un Ejecutivo que concentraba el poder político, lo ejercía dentro de amplios márgenes que admitían decisiones arbitrarias, tomadas por gobiernos que no tenían que responder ante ninguna otra instancia". Cfr. Soledad Loaeza, "México, 1968: los orígenes de la transición" cit. supra nota 174, p. 30.

vas, pero partidos políticos de oposición *leales o* institucionales)[13] había generado un serio problema al tratar de resolver otro: solucionada la cuestión de la transmisión estable del poder político, surgía la amenaza de la falta de legitimidad de un régimen que, buscando precisamente su estabilidad, se separaba cada vez más de la sociedad.

Por otra parte, diversas manifestaciones de descontento de diferentes grupos de la sociedad se habían hecho presentes al margen de los procesos institucionales, lo que indicaba una clara incapacidad de éstos para administrar dicho descontento[14].

Puede discutirse si, entonces, los partidos de oposición representaban *opciones reales* de participación o intervención en la gestión pública del país, pero lo evidente es que se tornó necesario evitar que la ausencia de tales partidos, principalmente en los órganos legislativos, los llevara a su extinción. Prestaban un valioso servicio al régimen: en tanto oposición al gobierno del partido de la revolución institucionalizada, apoyaban a las instituciones y a los procedimientos que facilitaban la formación de tal gobierno.

La gobernabilidad no democrática de México descansaba en gran parte en la existencia y permanencia de minorías opositoras,

---

13 Cfr. Juan Molinar Horcasitas, El tiempo de la legitimidad. Elecciones, autoritarismo y democracia en México, México, Cal y Arena, 1993, p. 70.

14 "En la segunda mitad de los años cincuenta se habían producido varios movimientos de disidencia sindical, producto de la devaluación del peso en 1954 y de su impacto entre los asalariados. El movimiento magisterial (1956-1958) y el ferrocarrilero (1958-1959) -en los cuales jugó un papel determinante el Partido Comunista Mexicano que estaba al margen de la participación electoral- al ser disueltos violentamente, dejaron tras de sí una cauda importante de descontento, a la vez que ponían en evidencia la fragilidad institucional de las instancias intermedias para comunicar, plantear y resolver demandas. No se trató de una oposición política en el sentido pleno de la palabra; no buscaban organizar un partido ni conquistar el poder..." Cfr. Medina, Luis. Visita guiada a las elecciones mexicanas. México, CIDE, 2001, p. 24.

algo que había dejado claro Plutarco Elías Calles desde la fundación del Partido Nacional Revolucionario en 1928, el cual cambió de nombre dos veces, Partido de la Revolución Mexicana en 1934 y Partido Revolucionario Institucional en 1946.

El sistema de partidos precisaba de una mayor participación electoral, pues se presentaba el riesgo de la ausencia de votantes. Pero esta necesidad del sistema se magnificaba tratándose de los partidos opositores, pues sin apoyo de los electores, dichos organismos difícilmente podían continuar existiendo, y su presencia institucional era necesaria para mantener al régimen político.

En 1963 se modificó la constitución (artículos 54 y 63) y la Ley Electoral para facilitar el acceso de los candidatos de los partidos opositores a la Cámara de Diputados del Congreso de la Unión. Al tener una mayor posibilidad de obtener diputaciones, el régimen intentó crear un fuerte incentivo para la participación más efectiva de los partidos de oposición en las elecciones[15].

Se crearon los "diputados de partido", que se asignaban a los partidos políticos que, habiendo participado en las elecciones para diputados federales, obtuvieran, por lo menos, el 2.5% de la

---

15 "La reforma de 1963 fue un compromiso entre la necesidad de fortalecer a los partidos minoritarios, para aumentar su credibilidad a ojos de los votantes y su capacidad de atracción de la participación política, y la poderosa limitante que imponía la negativa del PRI a ceder un centímetro de poder", Loaeza sostiene que "su intención era apoyar desde el poder la presencia de los partidos en la sociedad, su desarrollo y la ampliación de su influencia". Cfr. "El Partido Acción Nacional..." op. cit., pp. 281 y 283. Peschard sostiene, por su parte, que esta reforma al sistema electoral "implicó la asignación diferenciada de espacios de representación para los partidos minoritarios, con lo cual se veían beneficiados, pero congelados en dicha posición. Con esta fórmula, el PRI podía ganar todo sin reservas y sin que pareciera un monopolio porque ya estaba fijada una pista de representación segura y propia de las minorías". Cfr. Jacqueline Peschard, "El fin del sistema partido hegemónico", en Revista Mexicana de Sociología, año LV, núm. 2, abril-junio 1993, p. 105.

votación nacional. Alcanzar este umbral significaba para los partidos la certeza de obtener 5 curules; por cada 0.5 puntos porcentuales arriba de 2.5 se asignaba un asiento más al partido que los obtuviera, hasta un total de 20[16].

De esta forma no sólo se incentivaba la participación de los partidos opositores en las elecciones, sino que se fomentaba su competencia en todos los distritos en disputa, puesto que, aunque perdieran por mayoría relativa, los votos que obtuvieran contarían para la asignación de diputados de partido. El partido mayoritario estaba excluido de esta asignación. Consecuentemente se modificó la integración de la Cámara de Diputados, pues pasó a ser variable, ya que las curules que se asignarían a las minorías se agregarían a las diputaciones obtenidas por el principio de mayoría en distritos uninominales. Los efectos benéficos de esta reforma se dejaron ver inmediatamente[17].

No obstante esta reforma para hacer de los partidos opositores verdaderas opciones de participación, tras los sucesos de 1968, la posterior campaña y elección presidencial de 1970 y los hechos del 10 de junio de 1971, era evidente la necesidad de revisar

---

16 Esta limitante se conoció como el "método automático corrector", cuya finalidad era "evitar la sobrerepresentación de los partidos minoritarios y excluir al o los mayoritarios de la distribución de asientos vía la proporcional. El tope de diputados a ser atribuidos por este método era de 20, como se decía arriba, y el partido que lograra este número o más de asientos por mayoría, no se beneficiaba del previsto para las minorías. Y al revés, el partido que obtuviera menos de 20 diputados de mayoría, se le atribuirían curules, siguiendo la regla del 2.5 y 0.5%, hasta un tope de 20, sumando los de mayoría, de haberlos, y los asignados por la proporcional". Cfr. Medina, op. cit., p. 25.

17 Entre los logros de la reforma de 1963 Molinar señala la expansión gradual de los partidos de oposición y, correlativamente, el reclutamiento y formación de cuadros de éstos en diferentes regiones del país. Op. cit., p. 73.

los incentivos que el régimen había creado para la participación electoral[18].

El presidente Echeverría llevó a cabo una tibia reforma política, dentro del marco de la "apertura" del régimen, que quedó en una modificación a la legislación electoral, destinada, sobre todo, a dar mayor oportunidad a los partidos *tradicionales* de oposición para que colocaran a más candidatos en la Cámara de Diputados. También se redujo la edad mínima para ser candidato a diputado y senador, con lo que se pretendió dar a la juventud un aliciente para que manifestara sus inquietudes a través de la participación política, e intentase llevar a sus representantes al Congreso.

El objetivo era evitar que los jóvenes, sobre todo, continuasen manifestándose en las calles y se concentrasen en los partidos. Pero para que tal estrategia resultara efectiva, el régimen debía hacer que los partidos, sobre todo los de oposición, se convirtieran en *opciones* reales de *participación*[19]. Es por ello que con la reforma de 1972 se redujo el porcentaje mínimo para que a un

---

18 A estos sucesos es indispensable agregar que la reforma tuvo una utilidad atenuada para el régimen, puesto que su intención había consistido en fomentar la participación de los opositores en las elecciones, imaginando una relación directa entre participación y votación; pero las cifras revelan que tanto el PARM como el PPS, sobre todo el primero, no alcanzaron siempre el umbral necesario para que se les asignaran diputados de partido, y no obstante ello, haciendo una interpretación de la voluntad del constituyente permanente, el colegio electoral de la cámara de diputados asignó diputados a estos partidos sin que hayan tenido derecho.

19 La reforma electoral del presidente Echeverría buscaba "incorporar a un mayor número de ciudadanos y fuerzas sociales al proceso político institucional. Su propósito es ampliar la representatividad del poder público, considerar en el plano legal las nuevas tendencias de la democracia mexicana, alentar la participación de las minorías y, en general, lograr que todas las manifestaciones tengan expresión en los órganos representativos de la voluntad popular". Cfr. Sergio García Ramírez, "La reforma política", en Línea. Pensamiento de la Revolución, México, Septiembre-Diciembre 1976, núms. 23/24, p. 13.

partido político se le adjudicaran *diputados de partido,* pasando de 2.5% al 1.5% del total de los votos, además de que el límite de adjudicación por partido pasó de 20 a 25 diputados de partido.

Sin embargo, a pesar de las claras muestras de diversidad política y social que se presentaban, el régimen no permitió la inclusión de nuevos actores (partidos) en la arena electoral. Por otra parte, Molinar sostiene que la falta de crecimiento electoral de los partidos opositores se debía a las trampas y manejos tendenciosos que el régimen hacía para dotar de amplios márgenes a los triunfos electorales del partido oficial[20].

En el contexto que se acaba de describir, en 1972 presentó el hoy Magistrado Rafael Estrada Sámano su tesis para obtener el título de abogado por la Escuela Libre de Derecho: "La calificación de las elecciones en el sistema electoral mexicano". Cabe resaltar que es poco frecuente, si acaso, encontrar citado dicho trabajo en la doctrina mexicana sobre el tema.

Lo primero que se aprecia con la lectura de dicho trabajo es la claridad conceptual con que se identifica el tema a tratar y la manera como éste se problematiza. Y, por si fuera poco, la propuesta (tesis propiamente) con que cierra el texto resulta adelantada solamente 24 años a la creación del actual Tribunal Electoral del Poder Judicial de la Federación.

Cabe precisar que, con claridad, el autor identifica al antecedente de su propuesta: una iniciativa de reforma a la Constitución que el 28 de noviembre de 1947 presentaron tres diputados con el objetivo de que se creara un "Tribunal Federal de Elecciones". Dicha

---

20 Op. cit, p. 42 y 248. Adicionalmente: "Las elecciones en México no siempre han sido alteradas, porque eso supondría que ha habido una oposición real y legal a lo largo del siglo, con la fuerza suficiente para enfrentar al partido oficial. Y sólo en momentos excepcionales esa condición se ha cumplido... Las elecciones han contado con una oposición aparente, formada en general por partidos leales al régimen, pero incapaces de disputarle el poder". Cfr. Mauricio Merino Huerta, La democracia pendiente. México. Fondo de Cultura Económica. 1993, p. 55.

propuesta fue rechazada por mayoría el 8 de febrero de 1949. En los respectivos diarios de debates (disponibles en línea) se pueden consultar tanto la iniciativa como el dictamen respectivo y el debate previo a la votación. A lo anterior se aúna que desde 1948 (y hasta 1979) existió en Jalisco un tribunal electoral.

Si bien Don Rafael Estrada Sámano fundó su propuesta en los antecedentes referidos, identificó con mucha precisión dos cuestiones por demás relevantes de la justicia electoral mexicana: que la calificación de las elecciones es una función sustancialmente judicial y que la integración del órgano judicial electoral "no reclama la representación, sino que pide, fundamentalmente, independencia, aptitud y responsabilidad". En otras palabras, quienes juzguen los litigios electorales no necesitan representar políticamente a nadie, sino investigar la verdad y declarar el derecho, para lo cual han de ser independientes, incluso de las mayorías electorales.

Quizás lo anterior pudiera llegar a parecer evidente hoy (aunque es posible que no sea así), pero en 1972 resultó por demás innovador. Como se acaba de relatar, en razón del contexto, lo que se propone en la tesis es, por decirlo de alguna manera, bastante razonable: que la calificación de las elecciones de quienes integraran los congresos en México pasara a ser una función judicial a cargo de un tribunal de elecciones integrado por cinco personas designadas colaborativamente por órganos constitucionales (Suprema Corte de Justicia de la Nación, Presidencia de la República, Cámaras del Congreso de la Unión) y por los propios partidos políticos contendientes en las elecciones.

De manera congruente con el marco teórico y la tradición jurídica entonces preponderante, se sugería dejar aún la calificación de otras elecciones (presidencial o municipales) en manos de los congresos del país.

El último párrafo de la tesis reseñada no sólo no tiene desperdicio, sino que mucho podría orientarnos hoy:

"Las formas de integración del tribunal de elecciones no contrarias a los principios y a la técnica de la democracia ni a los elementos de la representación política [...] sin duda traería consigo un perfeccionamiento de nuestros procesos electorales, pues las autoridades encargadas de prestar el servicio electoral y los contendientes en los comicios se verían forzados a conducirse con apego a la Ley, sabedores de la existencia de un tribunal de derecho siempre presto a corregir sus defectos, a reprimir sus abusos, a impartir, en suma, la justicia electoral que la situación nacional pide a grandes voces."

A pesar de que "la ley es la ley", siempre es reconfortante saber que existen personas juzgadoras que han de reprimir abusos, sobre todo tratándose de los cometidos en las elecciones y consultas. Leer hoy textos que redactados hace 50 años nos aportan tanto, no sólo es un indicador de la calidad de lo escrito, sino de la circularidad de nuestra vida pública.

Es de agradecer la publicación de la tesis de aquél joven abogado egresado de "la Libre" y actualmente prestigiado impartidor de justicia fiscal y administrativa. No sólo por el rescate de importantes antecedentes dogmáticos de nuestras actuales instituciones y procedimientos electorales. Sobre todo, por la oportunidad de que ojos jóvenes adviertan el trayecto que en este país se ha seguido para tornar a tales instituciones y procedimientos más democráticos y, fundamentalmente, más *constitucionales*, es decir, más conforme a la plena eficacia de nuestros derechos humanos, particularmente de nuestros derechos políticos.

CARLOS BÁEZ SILVA
Septiembre de 2022

Introducción

Es indudable que el estudio del Derecho Constitucional apasiona a quienes pretenden llegar a conocer las disciplinas jurídicas. Indudable resulta también que ese apasionamiento no es gratuito, sino que, por el contrario, se funda en razones de peso.

En efecto, el Derecho Constitucional, al ser la rama del Derecho Público que, con su conjunto normativo da base a todo el orden jurídico, guarda una relación de preeminencia respecto de las demás ramas del Derecho. He ahí la razón del apasionamiento a que hemos aludido antes: el deseo de conocer la base, el fundamento de la realidad jurídica de una nación es motivo suficientísimo para avasallar a todo aquél que sea o quiera ser un estudioso del Derecho.

De ahí que los temas que estén relacionados directamente con el Derecho Constitucional, como lo está el que pretendemos desarrollar en este estudio, apasionen también, sobre todo cuando se refieren a la integración de los órganos supremos del gobierno de la comunidad política; pues es entonces cuando lo jurídico y lo político entran en una estrechísima relación de interdependencia que se antoja semejante a la que guardan entre sí los vasos comunicantes, con la diferencia de que no está establecida entre cuerpos del campo físico, sino entre dos realidades que atañen en forma directa al ente social y, consiguientemente, a los seres racionales que lo integran y que son los hombres.

Un prestigiado maestro de Derecho Político nos hace ver lo anterior con claridad cuando dice que "la expresión 'derecho constitucional' designa, en realidad, lo que podría denominarse el 'derecho político': el que estudia la organización general del Estado, su régimen político, su estructura gubernamental. Elecciones, parlamento, ministros, jefes de Gobierno, jefes de Estado, etc.: todas estas instituciones políticas constituyen el objeto del derecho constitucional... no se define hoy de manera 'formal' —por la forma de las normas: por el hecho de que estén contenidas en la Constitución—, sino de manera 'material': por el contenido de las normas, por el objeto al que se aplican; es decir, en este supuesto, por el objeto político. El derecho constitucional es el derecho que se aplica a las instituciones políticas"[21].

Pero el estudio del Derecho Constitucional no es sólo motivado por apasionamiento, entraña también el cumplimiento de un deber, como lo hacía notar Herrera y Lasso, Maestro Emérito y Rector Honorario de nuestra Escuela, según refiere el ilustre Rector de nuestra Alma Mater reciente y prematuramente desaparecido[22].

Cómo no iba a sostener que el estudio de las Leyes Fundamentales es un deber patriótico ineludible quien tenía conceptos tan claros acerca de lo que la Constitución es. Permítasenos hacer nuestras sus palabras pues difícilmente podrá encontrarse en otras, con mayor razón en las nuestras, tal claridad de pensamiento: "Las constituciones no se explican por sí mismas, como entes necesarios. La vida institucional como medio y la felicidad pública como fin, son el objeto de ellas, la razón misma de su ser.

---

21 DUVERGER, Maurice. Instituciones Políticas y Derecho Constitucional Ediciones Ariel. Barcelona, 1962. Pág 5.

22 "La tarea patriótica, no del momento sino de la época, era entender la realidad mexicana, adecuar a ella la norma legal, y hacer de la Constitución 'el Derecho del Estado' y de México un 'Estado de Derecho', y fue, seguramente por ello, que produjo en él tan honda huella la frase de Wilson, 'La libertad y las instituciones libres no pueden perdurar (el maestro pensaba: ni arraigar) en un país que desconoce la naturaleza de su gobierno'. Desterrado en Cuba, en 1927, comentó ante el Colegio de Abogados de La Habana: Esto 'hace del estudio del Derecho Constitucional un apremiante deber patriótico, de cuyo cumplimiento depende, en buena parte, que el espíritu cívico sustituya, entre nosotros, al espíritu homicida de la guerra civil". CASARES NICOLIN, David; ORTEGA, Víctor Manuel; GONZÁLEZ, Genaro María. Homenaje al Sr. Lic. Dn. Manuel Herrera y Lasso en el Primer Aniversario de su fallecimiento. Editorial Luz. México, 1968. Pág. 30.

Consecuentemente, las asambleas que las decretan no deben ser concilio que declare dogmas, sino cuerpo político que organice las relaciones de gobernantes y gobernados, teniendo en cuenta cuáles son estos y quiénes van a ser aquéllos.

Es menester que los hombres disfruten en la colectividad en que viven del bienestar a que son acreedores por su condición humana, que sus relaciones con los demás se realicen sin dificultades ni fricciones y se desenvuelvan dentro del orden jurídico que asegura condiciones de libertad y de justicia. Para ello, el Derecho Constitucional organiza la vida política; fija las relaciones que deben existir entre gobernantes y gobernados y garantiza en beneficio de éstos, los derechos primordiales.

Las constituciones, definidas en términos abstractos y abstrusos por los tratadistas, son en realidad, una organización sistemática de limitaciones al poder público que definiendo lo que los gobernantes deben hacer, lo que pueden hacer y lo que no pueden hacer, levanta una barrera a la arbitrariedad, al despotismo y a los abusos del poder y soluciona el problema vital de las relaciones entre gobernantes y gobernados.

Coordinación de fuerzas y resistencia o proceso de adaptación, de adecuación de lo externo a lo interno, es siempre la armonía del conjunto lo que las constituciones se proponen como fin. Desconfiadas y recelosas, limitan el poder con el poder, pero con la finalidad superior de garantizar la libertad, la igualdad y la justicia".[23]

En el trabajo que emprendemos pretendemos analizar críticamente los sistemas que en México se utilizan para calificar las elecciones que, de acuerdo con la doctrina democrática aceptada por nuestra Ley Fundamental, han de dar base a la integración de los órganos que tienen a su cargo el gobierno de la comunidad política.

---

23 Ibidem. Págs. 37 y 38.

Convencidos de que la efectividad del sufragio no consiste tan sólo en el respeto que al mismo se tenga en el momento en que es depositado en la urna electoral, sino que se ha de gestar a través de todo el camino que sigue, desde los actos previos a su emisión hasta su calificación, prescindiremos en este trabajo de comentar la reglamentación que, tanto las constituciones vigentes en nuestro país como las leyes relativas a la materia electoral que de ellas dimanan, establecen para las etapas anteriores a la última fase de calificación de los comicios encaminados a la designación de quienes, como representantes del pueblo de la nación y gestores de su bienestar por voluntad del propio titular del poder político, habrán de asumir la ardua función de ser los directores de los destinos nacionales. Si lo hacemos así, no es porque las disposiciones que integran esa reglamentación consideradas en su integridad no sean susceptibles de estudio, comentario y crítica, sino porque hemos querido enfocar nuestro trabajo al estudio del aspecto de la calificación del sufragio en la forma más amplia que sea posible y ciertamente no podríamos lograr ese objetivo si nos avocáramos a la consideración de todo el sistema electoral mexicano.

Iniciamos nuestro estudio con una preocupación profunda que nos motiva a desarrollarlo en mayor proporción que el simple interés por llenar un requisito académico. Hace tiempo que en México se está necesitando la adopción de medidas democráticas para aplicarlas a la solución de los graves problemas nacionales. Las vías de acceso a las decisiones fundamentales están casi atascadas para quienes no piensan, no actúan o no sienten como los encumbrados y no son pocos los mexicanos que piensan que el único camino que queda expedito para lograr que se les oiga y se aprecien sus puntos de vista, es el de la violencia. De otro lado, la falta de participación de amplios sectores en la toma de decisiones cruciales va obviamente en detrimento y retardo del desarrollo del país en todos los órdenes.

Por más que nuestro pensamiento pueda parecer pesimista, estamos ciertos de que es compartido por muchos. Lo avala desde luego el testimonio de quien, utilizando una frase de Milovan Djilas, dice de sí mismo en la presentación de una de sus obras: "Soy un producto de ese Mundo, he contribuido a crearlo y ahora soy uno de sus críticos".[24]

Y porque, como dejaremos demostrando en páginas subsecuentes, uno de los ingredientes indispensables para la creación de ese clima democrático que apenas ha alcanzado desarrollo embrionario en México, es el establecimiento de un sistema electoral que permita la consulta limpia y objetiva de la voluntad popular, recogemos las palabras de quien ha reconocido y asegurado que "nos encontramos muy lejos de haber llegado a una etapa definitiva de nuestra evolución y estamos dispuestos a renovar en profundidad, cuanto detenga el advenimiento de una sociedad más democrática..."[25] también "demandamos que mejoren nuestros procesos electorales"[26] con la confianza de que nuestra demanda será contestada, evitándose así que el juez, en este caso el pueblo,

---

[24] "Para tomar las decisiones fundamentales que conduzcan al país a salir de la encrucijada o aun evadirla a tiempo, se requiere un ambiente democrático que no existe. Los profetas de la represión popular se alarman porque las protestas o las criticas pueden afectar la democracia. Sólo poniendo en juego procedimientos democráticos pueden formularse las decisiones políticas que es necesario tomar ya para reencauzar el desarrollo del país, corregir sus deformaciones y extenderlo más y más hacia los sectores para los que hasta ahora ha resultado extraño. Sólo la fuerza democrática de un gobierno conscientemente apoyado por las mayorías y respaldado con los intereses de los sectores marginados, permitirá trabajar certera y aceleradamente en favor de éstos y absorberlos dentro del desarrollo de manera pronta y expedita. Esas decisiones por otra parte deben provenir de la controversia leal, de un debate general amplio pues el futuro nacional debe afrontarlo el mayor número de mexicanos. Un debate así no podría realizarse satisfactoriamente si no intervienen con libertad las diversas tendencias y puntos de vista. De otra manera quizá un grupo pueda imponer una solución, pero ésta será siempre parcial". MORENO SANCHEZ, Manuel. Crisis Política de México Editorial Extemporáneos. México, 1970, Págs. 14 y 15

[25] ECHEVERRIA, Luis. Mensaje al Pueblo de México, Edición de Cultura y Ciencia Política, A.C. México, 1970. Pág. 37.

[26] Ibidem.

declare la rebeldía de la parte demandada, pues de lo contrario en el curso del proceso recaerían sobre ella todas las inconveniencias que la contumacia entraña.

La conexión entre el desarrollo de los pueblos y la perfección y eficacia de sus instituciones jurídico-políticas es un dato histórico indiscutible.[27]

Sin embargo. "no pretendemos nosotros, con optimismos de teorizantes, que baste acordar la Constitución con la estabilidad del Gobierno para que comience y se afirme el reinado de la democracia. La ley no tiene el poder de hacer la democracia; pero lo tiene absoluto para impedirla. La Constitución, depurada de sus errores, hará posible la intervención popular en el régimen de la nación"[28], pues no pensamos tampoco que la Carta Fundamental sea del todo perfecta, ni siquiera estamos de acuerdo en que se le rinda cierto culto, pues ello la convierte en un documento mítico e inoperante, alejado de la realidad.

Si la Constitución se modifica, adaptándola a las necesidades que implica la organización de un gobierno eficaz y estable, México no llegará a la democracia de los sueños en que el pueblo todo

---

27 "La historia nos enseña que el progreso de un pueblo depende fundamentalmente de las instituciones jurídicas que lo rigen. Si éstas garantizan las libertades humanas, las actividades legitimas y reglamentan debidamente las formas de convivencia social naturales y en este sentido necesarias al hombre, el progreso material y espiritual de la sociedad de que se trate es su resultado lógico. Por el contrario, allí donde las llamadas instituciones jurídicas no se inspiran en los principios racionales que rigen la conducta social del hombre, la sociedad se agita y lucha estérilmente. Se ha dicho, con razón, que un pueblo sólo puede progresar cuando cuenta con un buen gobierno y es evidente que un buen gobierno, se funda siempre en un auténtico orden jurídico, en un derecho justo". PRECIADO HERNANDEZ, Rafael. Lecciones de Filosofía del Derecho. Quinta Edición. Editorial Jus. México, 1967. Pág. 32.

28 RABASA, Emilio. La Constitución y la Dictadura. Estudio sobre la organización política de México. Tercera Edición. Editorial Porrúa. México, 1956. Pág. 244.

aúna sus anhelos y su voluntad en la acción y aspiración comunes del bien, la justicia y la verdad. Ningún pueblo de la tierra ha logrado ni ninguno logrará nunca tal perfección. No alcanzará quizá tampoco nuestra nación, el régimen ampliamente popular que da sus frutos en los países de mayor desarrollo cívico. Pero sí al menos le será dado llegar a un régimen razonablemente demócrata, en que entren y figuren todos los elementos populares aptos para interesarse e influir en los negocios de la república, en que el adquirir la ciudadanía plena dependa de calidades que cada hombre pueda obtener por su propio y dignificante esfuerzo, en el que no haya exclusivismos odiosos sino posibilidades de desarrollo para todos y en el que el número de los satisfechos pueda crecer todos los días, merced al procedimiento automático de la riqueza multiplicada y bien distribuida, la educación difundida y la moralidad extendida y arraigada.

I. Democracia representativa

DEMOCRACIA

Comencemos por determinar lo que en nuestro concepto es la democracia, después de examinar las concepciones que de ella tienen diversos autores.

Este punto de partida nos permitirá hacer referencia más tarde a la tesis que ha hecho posible que dentro de la complejidad de la vida moderna, la democracia haya subsistido: la representación política.

En apretada pero muy útil síntesis, pues nos permite evitar disgregaciones innecesarias hacia la consideración detallada de las diversas formas de gobierno y de las distintas clases de democracia que se conocen, Guillermo Cabanellas expone en su minucioso diccionario jurídico que la palabra democracia "procede del griego *demos*, pueblo, y *cratos*, poder, autoridad. Significa el predominio popular en el Estado, el gobierno del pueblo por el pueblo; o, al menos, a través de sus representantes legítimamente elegidos, que ejercen indirectamente la soberanía popular, en ellos delegada. Aristóteles, en su Política dice: 'Monarquía es aquel Estado en que el poder dirigido al interés común no corresponde más que a uno solo; aristocracia, aquel en que se confía a más de uno; y democracia, aquel en que la multitud gobierna para la utilidad pública. Estas tres formas pueden degenerar: el reino, en tiranía; la aristocracia, en oligarquía; la democracia, en demagogia'.

"La democracia se concibe como una forma de Estado dentro de la cual la sociedad entera participa, o puede participar, no solamente en la organización del poder público, sino también en su ejercicio. Se denomina directa cuando todos los ciudadanos concurren a las asambleas, lo cual únicamente resulta posible ya en pequeñas colectividades.

"Es llamada representativa cuando los ciudadanos, imposibilitados por su número u ocupaciones, para ejercer de modo efectivo e inmediato el poder, designan representantes.

"Teóricamente, la democracia se basa en la forma de intervención popular en el gobierno, mediante el sufragio relativamente universal y libre, la libertad de discrepancia y el derecho de oposición pacífica; y se propone en el fondo, o como finalidad, impulsar el bienestar de todas las clases sociales, y con preferencia o para restablecer la igualdad en principio, elevar el nivel de vida de las humildes o modestas"[29].

Pero si no hemos de detenernos a examinar con detalle las formas de gobierno y las especies de democracia que las comunidades humanas integradas socialmente han concebido, sí en cambio hemos de ahondar cuanto nos sea posible en la esencia de la democracia y en el instituto de la representación política, pues es en el ámbito de la democracia representativa en el que encontramos situado el problema específico que es materia de este trabajo.

Se ha dicho con razón que la democracia no es un simple formulismo vacío, sino que en ella se encuentran implicadas una doctrina de fondo y una técnica puesta al servicio de los principios y valores de carácter ético que integran esa doctrina[30].

Con cuánta claridad encontramos esos dos elementos, doctrina de fondo y técnica, en el pensamiento de varios autores y políticos militantes. Un ilustre humanista jalisciense ya desaparecido, González Luna, partiendo de lo que no es la democracia[31], hace

---

29 CABANELLAS, Guillermo. Diccionario de Derecho Usual. Sexta Edición. Bibliográfica Omeba. Buenos Aires, 1968. Tomo I. Pág. 617.

30 Cfr. GONZÁLEZ LUNA, CHRISTLIEB IBARROLA, PRECIADO HERNÁNDEZ, GÓMEZ MORIN, GONZÁLEZ TORRES. La Democracia en México. Editorial Jus. México, 1962. Págs. 5 y 68.

31 "No es una teoría abstracta, impracticable; no es simple señuelo demagógico; no es fachada para disimular dictaduras; no es partida de relleno en el balance anexo a una solicitud de crédito internacional. Es, por el contrario, algo no sólo eminentemente práctico, sino impres-

alusión a los mencionados elementos, sosteniendo que ninguno de los dos ha de preponderar sobre el otro y vinculándolos con la naturaleza humana, fundamento del orden democrático: "Para conocerla, para formularla, para vivirla, necesitamos transcender los rasgos meramente externos, que muy frecuentemente la traicionan. Si la reducimos a un sistema formalista o a una técnica jurídica y política, no alcanzaremos la almendra central de su esencia. Las formas se llenan de cualquier cosa. Las técnicas son elementos instrumentales, que sirven también para cualquier cosa. Lo que necesitamos es captar la substancia profunda de la democracia y, para hacerlo, sondear, adentrarnos en la naturaleza humana, en la naturaleza del hombre personal y del hombre social"[32].

Un procedimiento análogo sigue el maestro Preciado Hernández, ameritado profesor de Filosofía Jurídica en nuestra Escuela y hombre de destacada e igualmente ameritada actuación política. Después de reconocer "que no hay un solo pensamiento, una sola concepción democrática, sino diversas corrientes o concepciones democráticas"[33], dice el maestro: "No aceptamos la concepción formalista, que reduce la democracia a una mera técnica, a un método de formulación o elaboración de reglas sociales, de normas jurídicas, consistente en que quienes van a quedar sometidos a esas normas o a esas reglas, participen en la elaboración de las mismas, pero independientemente de valores y principios éticos.

"Tampoco aceptamos la corriente voluntarista del liberalismo individualista, que reduce la democracia a una expresión de la voluntad general, a la que identifica en cierto modo con la voluntad de las mayorías, y que pretende fundar la obligatoriedad de las normas jurídicas en esa voluntad mayoritaria, también independientemente de valores o principios éticos.

---

cindible, vital. Es, en la etapa actual de la civilización, la fórmula de la normalidad política". Ibidem. Pág. 9.

32 Ibidem. Pág. 10.

33 Ibidem. Pág. 67.

"La concepción democrática a la que nosotros nos adherimos, comprende una doctrina de fondo y una técnica; no mera técnica; sino técnica para la realización de principios y valores éticos"[34].

Ahondando en su pensamiento, Preciado Hernández sostuvo en una vigorosa conferencia que tuvimos ocasión de escucharle, que esa concepción democrática a la que se adhiere "no es mera democracia política; ni tampoco se reduce a la llamada democracia económica o social. En realidad, abarca los objetivos de estas dos tendencias democráticas y otros más; pues aspira al desarrollo integral y armónico de toda sociedad suficiente, a base de las más amplia participación ilustrada y responsable de sus integrantes"[35].

En la misma corriente de pensamiento que considera a la democracia como una amalgama de doctrina y técnica, de fondo y forma, Gonzalez Torres dice que "todo esto es... la democracia: un fondo de valores morales, que tienen como centro o eje la libertad, y una forma, que es la participación efectiva del pueblo en el gobierno, mediante el ius sufragii y el ius honoris del derecho público romano, que nosotros llamamos derecho a votar y a ser votados, y mediante la participación de todos en la política del gobierno, ora orientándolo mediante la expresión de la opinión pública, ora censurándolo de diversas maneras"[36].

También está adherido a esa concepción de la democracia de que venimos ocupándonos quien sostiene: "la democracia no es ni mera técnica de las reglas sociales, como pretendería un formalismo descarnado, ni una identificación simplista de democracia y voluntad general mayoritaria, como propondría la corriente vo-

34 Ibidem Págs. 67 y 68

35 PRECIADO HERNÁNDEZ, Rafael. Presupuestos de la Reforma Democrática en México, conferencia dictada en la Facultad de Ciencias Políticas de la U.N.A.M., México, 21 de octubre de 1970. Publicada en Los Problemas Nacionales. Facultad de Ciencias Políticas y Sociales de la U.N.A.M. Serie Estudios 23. México, 1971. Págs. 130 y siguientes.

36 GONZÁLEZ LUNA y otros. Op. Cit. Págs. 117 y 118.

luntarista, ésta y aquél amnésicos de los necesarios principios éticos, indisolublemente reunidos en cualquiera concepción recta del Estado y de su ciencia"[37].

Pero el pensamiento de los autores que hemos mencionado sería incompleto e inconsistente si no precisaran en qué consiste la técnica de la democracia y cuáles son los principios doctrinarios de fondo a cuya realización aquélla debe servir.

La necesidad de escudriñar ambos aspectos surge de que, como sostiene Maritain, "toda sociedad de hombres libres supone unos dogmas fundamentales en el núcleo central de su existencia. Toda auténtica democracia supone un acuerdo fundamental entre voluntades e inteligencias respecto a las bases de la vida en común: vela por sí misma y por sus principios, y debe ser capaz de defender y promover su propia concepción de la vida político-social; debe llevar dentro de sí un común credo humano, el credo de la libertad".[38]

Es precisamente en ese "credo de la libertad" en el que Preciado Hernández encuentra el punto de partida para su brillante exposición de la doctrina democrática. La inicia con esta afirmación rotunda del Aquinatense: "El principal presupuesto del Estado democrático es la libertad" y acto seguido pasa a explicar: "La libertad, tanto en su sentido psicológico, como en su sentido normativo; la libertad, que es esa propiedad de la voluntad, ese poder de elección que permite al hombre tomar decisiones en relación con las alternativas, con las posibilidades de acción que previamente ha discutido, por decirlo así, su razón, su inteligencia. La inteligencia presenta a la voluntad los posibles caminos para la acción: delibera, en una palabra, y la voluntad se adhiere o rechaza el dictamen que presenta la razón.

---

[37] ESTRADA SÁMANO, Francisco Xavier. El Problema de la Justificación del Estado. Tesis Profesional. U.N.A.M. México, 1967. Pág. 92.

[38] CAPONIGRI, A. Robert. Pensadores Católicos Contemporáneos. Antología. Ediciones Grijalbo, S. A. Barcelona, 1964. Tomo II. Págs. 24 y 25.

"En la libertad psicológica, la elección puede recaer entre alternativas buenas y malas, no es así en la libertad normativa, que presupone siempre un límite fijado por los principios éticos, por las normas religiosas, morales o jurídicas. Para ser libre en este sentido normativo, se tiene que elegir entre cosas buenas, o entre los medios adecuados para realizar finalidades valiosas. Es pues la libertad, tanto en su sentido psicológico como en un sentido normativo, que presupone la inteligencia y la voluntad, la base de la dignidad de la persona humana; porque la dignidad de la persona no es sino la calidad que tiene el ser humano, precisamente en razón de su inteligencia y de su voluntad libre, que lo capacita para ajustar su conducta a los imperativos de la ley moral, ley que expresa la jerarquía de los bienes humanos.

"Por eso el hombre, la persona humana, es el sujeto natural del orden ético. Es esta libertad la que convierte al hombre en causa eficiente de sus actos, en dueño de sus acciones, por lo cual esos actos y sus consecuencias, para bien o para mal, para mérito o para demérito, se le atribuyen, se le imputan, y responde de ellos. En esto radica la eminente dignidad de la persona humana"[39].

Concuerda con lo anterior el comentario de otro de los autores ya citados: Libertad, inteligencia, voluntad, características de la naturaleza del hombre que ponen a éste en la cúspide de la creación y que constituyen la base de su dignidad como persona humana. Libertad, inteligencia, voluntad, elementos constitutivos de la esencia de la persona, capaz de determinarse, de escoger caminos de superación, de estancamiento o de degradación, persona capaz de conocer y de sentir y de amar, por las vías anchurosas del conocimiento intelectual y del sentimiento afectivo. Libertad, inteligencia, voluntad, características de la naturaleza del ser humano, en suma, que reconoce y recoge el principio democrático para a su vez recibir la adhesión libre pero natural de la liber-

---

[39] GONZALEZ LUNA y otros. Op. Cit. Págs. 68 y 69.

tad, de la inteligencia y de la voluntad de los hombres y de los pueblos"[40].

Así pues, para los autores de la corriente que nos ocupa, la doctrina que sirve de fundamento a la democracia está a su vez fundada en la dignidad de la persona humana, en el reconocimiento de sus prerrogativas esenciales, pero contemplada esa dignidad no sólo en relación con fines estrictamente individuales y personales, sino también en cuanto los entes que la poseen entran en relación con sus semejantes, esto es, contemplada en sus proyecciones sociales y relacionada, por tanto, con los fines propios y específicos de la sociedad.

Por lo que ve a la técnica de la democracia, como instrumento al servicio de la realización de sus principios de fondo, dice Preciado que "está ordenada a asegurar la participación orgánica del pueblo en el gobierno. Esta participación presupone el ejercicio de la libertad y la deliberación que presenta a la opinión pública alternativas, no sólo en cuanto a la elección de los hombres que deben ejercer la autoridad política, sino lo que es más importante, alternativas que representan las diversas soluciones a los problemas sociales, a los problemas nacionales"[41].

Tal es la fórmula de la democracia: que todos los ciudadanos tengan conciencia de su responsabilidad en el bienestar de la comunidad política en la que viven y se desenvuelven; que todos se preocupen y conozcan los problemas de su nación y que todos, con ese conocimiento de causa, decidan orgánicamente lo que se debe hacer por quienes han recibido de los mismos ciudadanos la encomienda de ejercer la autoridad política, pues se advierte fácilmente con lo que hasta aquí llevamos dicho que "lo insustituible en la democracia es la identificación del Poder y del pueblo", según frase de quien fue valiente rector de la Universidad Nacional Autónoma de México en una de sus épocas

---

40 ESTRADA SÁMANO, Francisco Xavier. Op. Cit. Pág. 91.

41 GONZÁLEZ LUNA y otros. Op. Cit. Pág. 70.

más aciagas[42]. Por ello hablaba Lincoln en su célebre oración de Gettysburg que, "con ser tan breve, constituye una de las más elocuentes declaraciones del credo democrático que se hayan expresado jamás", del "gobierno del pueblo, por el pueblo y para el pueblo"[43].

Otros autores prefieren darnos conceptos descriptivos de la democracia, aludiendo a sus notas características que estarán comprendidas, para usar el lenguaje de la concepción antes examinada, ora dentro de la técnica democrática, ora en los principios doctrinarios fundamentales de la misma. No por ser descriptivos esos conceptos son poco útiles; por el contrario, nos aportan ideas correctas acerca de la democracia. Examinemos algunos de ellos.

Nunca dejaremos de admirar la brillantez de la oratoria y de los escritos de Don Manuel Herrera y Lasso, ni nunca lamentaremos suficientemente no haberlo alcanzado en las aulas de nuestra Escuela. Partió cuando nosotros llegábamos, pero habíamos oído de él desde muy temprana edad en la casa paterna y ahora, a través de sus discursos, sus escritos y de anécdotas que de él se refieren, lo hemos llegado a conocer y a apreciar. Pues bien, no podemos omitir aquí la definición descriptiva de Herrera y Lasso, rica en contenido conceptual, que concebía a la democracia como "un régimen de autogobierno que radica en el consenso general y se realiza prácticamente mediante la elección popular y la representación; la ley, obra de todos, expresión de la razón y ordenadora suprema; la libertad, la igualdad y la justicia, como condiciones esenciales de la organización política; posibilidades iguales de autoridad para todos; alternativa de los ciudadanos en el mando y en la obediencia; gobierno constitucional, facultades limitadas, derechos del hombre. Y una doble consecuencia de

42 Ibidem. Pág. 108.

43 STEELE COMIMAGER, Henry. Documentos Básicos de la Historia de los Estados Unidos de América. Servicio de Información de los Estados Unidos. Washington, s/f. Pág. 33.

todo ello: la exaltación de la persona humana y la solución del problema moral de la legitimidad del poder"[44]. La conclusión de su monografía sobre la democracia que recordara emocionado Casares, no es menos elocuente: "más que forma de gobierno, es condición de dignidad humana y exigencia de decoro cívico. Es un régimen político, pero más que eso, una tendencia natural, una dirección histórica de la evolución social. Más que una doctrina, es una atmósfera, un ambiente, un clima moral. Es, en suma, un ideal: el ideal de gobierno para hombres libres"[45].

Igualmente es valiosa la compacta definición del profesor suizo de Derecho Político Hans Huber: "la democracia viva representa en último término, un constante ponerse de acuerdo de las diferentes personas que integran una comunidad, en base de unas convicciones comunes y una configuración correspondiente de la vida política común"[46] y también son muy aproximativos los conceptos que nos entrega una obra pequeña pero de contenido profundo, al decir que democracia "significa que... el pueblo determina la voluntad estatal: fija el ordenamiento fundamental del Estado... legitima el poder legislador y ejecutivo, y controla su sincronización con la voluntad popular; les puede retirar esa legitimación cuando está descontento de ellos... El sentido de la democracia es el control del poder político para evitar su abuso y para proteger los derechos de la libertad de los ciudadanos. Este control está asegurado además por determinadas instituciones: la división de poderes, la sumisión de la administración a la ley y de la legislación a la constitución..., y la posibilidad de vigilar su actividad por medio de tribunales... La unidad del Estado y del pueblo se corona al fin con la colaboración de sus miembros, de los ciudadanos individuales, en las tareas políticas, en las decisiones con las que se ejerce el poder estatal, o sea su participación en el gobierno; puede decirse que ésta es la caracte-

---

[44] CASARES NICOLIN, David y otros. Op. Cit. Pág. 40.

[45] Ibidem. Pág. 41.

[46] Citado por MESSNER, Johannes. La Cuestión Social. Ediciones Rialp, S. A. Madrid, 1960. Pág. 632.

rística decisiva de la democracia y que ella ofrece los órganos para hacer efectiva esta colaboración; éste es uno de los motivos más fuertes para considerarla como forma ideal de gobierno"[47].

Todo eso es la democracia, ajustándonos a los resultados de un análisis crítico de su realidad y de la realidad de la organización política para la que se ha ido concebida. Por supuesto que hay otras concepciones acerca de la democracia, pero no es nuestro deseo ni nuestro objetivo prestar atención a posturas mal fundamentadas o poco serias, como sería, por ejemplo, la de aquellos que, empeñados en hacer equívocos los términos que sólo admiten un sentido, pretenden identificar, haciendo equilibrismos intelectuales, a la democracia con la dictadura, lo cual no es admisible desde ningún punto de vista, así se trate de una dictadura establecida por el proletariado.

El juego que supone la creación del acuerdo democrático de que habla Huber, se establece entre mayorías y minorías. Y es preciso decir, para redondear nuestros conceptos acerca de la democracia, cuál es el papel que dentro de ella desempeñan unas y otras. Esta cuestión está en relación estrecha con la relativa al alcance del sufragio, de la que trataremos en el siguiente apartado de este capítulo. Ahí dejaremos sentada sobre bases sólidas la verdad de que la decisión del votante no puede afectar a los principios doctrinales de la democracia. Por ahora nos contentaremos con establecer uno de esos principios que, como ya dijimos, es el relativo al papel que dentro del régimen democrático desempeñan las mayorías y las minorías.

El principio general es el de que debe prevalecer la voluntad de la mayoría. Así lo admiten todos los tratadistas serios. Pero también convienen en que, como dice con razón Medina Correa, "la democracia no es solo cuestión de números, la mayoría puede equivocarse y un solo hombre tener la razón frente a todos los de-

---

47 PEQUEÑA BIBLIOTECA HERDER. No. 34. El Mundo del Derecho. Traducción del alemán por E. Valenti. Editorial Herder. Barcelona, 1963. Págs. 107, 108 y 113.

más y aún cuando la voluntad de la mayoría sea la que se imponga, es imposible que haya unanimidad de criterios y de voluntades al tomar una decisión, por lo tanto los intereses de los disidentes también han de estar protegidos, pues sólo así puede darse el gobierno democrático de las mayorías en beneficio del pueblo que también está integrado por la minoría"[48].

Con mayor amplitud y claridad expresa lo anterior González Luna, cuando sostiene que en la democracia "no es simplemente la suma de voluntades humanas incalificadas la que hace el derecho, ni la que obliga en derecho. Si todo un pueblo contra un hombre afirma un principio, una voluntad, injustos, el hombre aislado, aquella persona débil, solitaria, impotente en el orden material o temporal, tiene razón, tiene derecho, tiene justicia contra la masa, contra el número, contra el poder material y la gravitación de la naturaleza que pretende ahogar el espíritu.

"El alma de la democracia radica, pues, no en fórmulas cuantitativas, sino en la supremacía de la ley moral sobre la ley positiva, sobre el poder político, sobre el Estado, sobre todas las formas del poder humano, que es frecuentemente también el poder inhumano"[49].

Por su parte, Francisco Xavier Estrada Sámano llama la atención en el sentido de que "en la organización democrática del gobierno y de la vida se da una respetuosa convivencia entre los individuos, entre las mayorías y las minorías políticas. Y si bien a la mayoría queda la responsabilidad de la dirección gubernamental, también le queda la de respetar a las minorías, las que nunca estarán sujetas a una tiránica voluntad mayoritaria. Para lograr ese respeto y no tener que someterse a cualquier decisión de la mayoría, con sobrada razón si fuera injusta, las minorías se organizan

---

48 MEDINA CORREA, Antonio. El Sistema. Electoral Mexicano. Análisis Crítico de La Ley Federal Electoral. Tesis Profesional. Universidad Autónoma de Guadalajara. Guadalajara, 1970. Pág. 17.

49 GONZALEZ LUNA y otros. Op. Cit. Págs. 21 y 22. Cfr. MESSNER, Johannes. Op. cit. Pág. 611.

políticamente y surge entonces un elemento indispensable en el sistema democrático: la oposición"[50], y para reforzar su pensamiento cita un párrafo de Christlieb Ibarrola, contundente como muchos de él: "en una democracia, la oposición no es simplemente una fuerza negativa, un peso muerto frente a la acción gubernamental. Todo lo contrario: la oposición en las democracias es una fuerza que impide a los gobiernos la estrechez de miras a que los lleva fatalmente la dependencia de un solo partido. Cuando un gobierno en sus programas toma en cuenta las exigencias de la oposición para determinar su línea de acción, se abre a las aspiraciones del país, recoge al máximo los elementos de unidad y ensancha los fundamentos de su subsistencia"[51], o como con otras palabras señala Preciado, "el derecho de discrepar, el derecho de disentir, garantizado plenamente y ejercido precisamente a través de la oposición, es condición indispensable para la construcción de una comunidad de hombres libres. Donde no hay derecho de discrepar garantizado, donde no hay oposición, no puede haber una comunidad de hombres libres, un Estado verdaderamente democrático"[52].

Pero no sólo las opiniones anteriores que, siendo válidas, podrían sin embargo objetarse por razones de militancia política de quienes las han emitido, establecen el principio a que han de sujetarse en el juego democrático, las relaciones entre mayorías y minorías. Dos autores norteamericanos, ambos connotados miembros de minorías que llegaron a formar parte de las mayorías, no porque hayan defeccionado de sus originales convicciones, sino debido al ambiente democrático establecido en su país y en su época, deben citarse a este respecto. Lincoln sostuvo que "una mayoría que se somete a los frenos y limitaciones constitucionales, y que siempre se adapta fácilmente a los cambios expresos de la opi-

---

50 ESTRADA SÁMANO, Francisco Xavier. Op. cit. Pág. 94.

51 Ibidem.

52 PRECIADO HERNÁNDEZ, Rafael. Discursos Parlamentarios. Democracia. – Símbolos Patrios – Justicia – Educación. – Editoral Jus. México, 1968. Pág. 15.

nión y el sentir populares, es el único soberano verdadero de un pueblo libre. Quien lo repudie se entrega fatalmente, a la anarquía o el despotismo. La unanimidad es imposible"[53]. Por su parte, Jefferson, talento indiscutible de la ciencia y la filosofía políticas, sentó con pensamiento concluyente el principio que estamos indagando, cuando dijo que dentro del orden democrático "todos tendrán presente este sagrado principio de que en todos los casos ha de prevalecer la voluntad de la mayoría, pero que esa voluntad, para ser legítima, debe ser razonable; que la minoría goza de igualdad de derechos que una misma ley debe proteger, y que violarlos sería opresión"[54]. Los dos personajes hicieron esas declaraciones cuando ya se contaban entre la mayoría, con ocasión de sus respectivas primeras tomas de posesión como presidentes de los Estados Unidos de América.

Jacques Maritain, con agudeza poco usual, pone aún más de relieve la importancia de las minorías en la democracia con la exposición de una tesis que el mismo pensador ha llamado de "las proféticas minorías de choque" o de "los inspirados servidores del pueblo". Basta la transcripción de los párrafos centrales de dicha exposición para que advirtamos que las minorías son nada menos que el motor del vehículo de la democracia, el alma del funcionamiento democrático, y para que nos percatemos de la necesidad de que las mayorías sean conscientes en todo momento de que, aun contando con el apoyo de la mayoría del pueblo, no son el pueblo mismo considerado en su totalidad, sino sólo una parte de él.[55]

---

53 STEELE COMMAGER, Henry. Op. cit. Pág. 31.

54 Ibidem. Pág. 21.

55 "El último punto por tratar no se refiere al pueblo, sino a —¿cómo los llamaré—, a los inspirados servidores o profetas del pueblo? Lo que quiero decir es que para definir una sociedad democrática, no basta con su estructura legal. Hay otro elemento que juega un papel básico, a saber el fermento o energía que hace bullir el movimiento político y que no es inscribible en ninguna constitución ni incorporable a ninguna institución, porque es de una naturaleza a la vez personal y contingente, y sus raíces están en la libre iniciativa... Algo parecido se da en todos los regímenes políticos. Los reyes de las edades pretéritas se rodeaban de grandes funcionarios,

REPRESENTACIÓN POLÍTICA Y SUS PRESUPUESTOS

Al inicio del apartado anterior, anunciamos que trataríamos de exponer la tesis que ha permitido que la democracia haya subsistido en las condiciones en que viven las comunidades políticas contemporáneas.

---

grandes mayordomos, de consejeros o ministros favoritos, que competían entre si sañudamente; cada uno de ellos creía que sus propias opiniones y empresas reflejaban la verdadera y secreta voluntad del rey.
"Corrían siempre un riesgo: el de que, si se equivocaban, caerían en desgracia del rey, quien, en ocasiones, los enviaba al desierto o los hacía ejecutar. La misma historia se repite en los estados totalitarios con luchas entre altos funcionarios y los grupos de ambiciosos políticos en el seno del partido. El pueblo en las sociedades democráticas desempeña el papel del rey, y los inspirados servidores del pueblo, el de los grandes consejeros. Por lo regular, son profetas que abogan por alguna emancipación: nacional, política o social.
"En el funcionamiento normal de una sociedad democrática, la animación política procede así de unos hombres que, sintiéndose a sí mismos llamados a una vocación de dirigentes, siguen los caminos usuales de la actividad política: se proponen llegar a ser jefes de los partidos políticos y a empuñar las riendas del poder mediante la maquinaria legal de las elecciones. La circunstancia más afortunada para el cuerpo político es aquella en que los pronombres del Estado son al mismo tiempo verdaderos profetas del pueblo... La cuestión es esta: el pueblo, ¿tiene que ser despertado o tiene que ser habituado? ¿Hay que despertarle como a hombres o hay que fustigarle y forzarlo como al ganado? Las minorías de profetas dicen: nosotros el pueblo, cuando en realidad son ellas solas y no el pueblo quien habla. Solamente la decisión final del pueblo puede probar si aquella figura de dicción era o no acertada. Pero, cada vez que una parte habla en nombre de la totalidad. En consecuencia, la parte tratará de suplantar al conjunto, al todo, o más bien de obligarle a ser realmente la totalidad, es decir, lo que la parte quiere que ésta sea. De tal suerte, el proceso entero acabará por corromperse y en vez de despertar al pueblo a la libertad, como creían o pretendían estar haciendo los que constituyen esa profética minoría de choque, dominarán al pueblo y lo harán más esclavo de lo que antes había sido". CAPONIGRI A. Robert. Op. cit. Tomo II. Págs. 50, 51 y 53.

Con lenguaje claro y directo, Tena Ramírez, insigne hijo de nuestra Escuela y constitucionalista destacado, expresa el porqué del surgimiento de la representación política. "La democracia —dice— es... el gobierno de todos para beneficio de todos. Pero si todos deben recibir por igual los efectos beneficiosos del gobierno, no es posible... que en las grandes colectividades modernas participen todos en las funciones del gobierno"[56].

De aquí que el pueblo designe representantes suyos a los que han de gobernarlo. La participación por igual en la designación de los representantes y no del gobierno directo del pueblo, es lo que caracteriza a la democracia moderna.

Por esto, podemos atribuirle con justificada razón el calificativo de representativa.

Con rigor científico, Duverger constata los siguientes hechos: "en la práctica, la idea de la designación de los gobernantes se ha desarrollado... bajo la forma de la elección. Hoy la designación por elección es considerada como la única natural y legítima. La elección ha entrado en las costumbres; por lo tanto, es este modo de designación el que es preciso examinar, primeramente; los demás tienen un carácter subsidiario en la época actual en relación con él. Pero no se ha de olvidar que no siempre fue así. Hoy existe una tendencia a definir la democracia por la elección, por lo menos en los países llamados occidentales. Un país es considerado democrático cuando sus gobernantes son elegidos por elecciones lo más libres y sinceras posible"[57].

Lo anterior lleva al mismo autor a concluir en otra de sus obras que "la definición más sencilla y más realista de la democracia (debemos entender la democracia representativa) es la siguiente: régimen en el cual los gobernantes son escogidos por los gobernados, por medio de elecciones sinceras y libres. Sobre este mecanismo de

---

56 TENA RAMÍREZ, Felipe. Derecho Constitucional Mexicano. Novena Edición. Editorial Porrúa. México, 1968. Pág. 103.

57 DUVERGER, Maurice. Op. cit. Págs. 78 y 79.

selección, los juristas han desarrollado, siguiendo a los filósofos del siglo XVIII, una teoría de la representación, dando el elector al elegido un mandato, para hablar y actuar en su nombre; de esta manera, el Parlamento, mandatario de la nación, expresa la soberanía nacional"[58].

La misma relación estrecha entre representación política y elección se advierte en los siguientes conceptos de un ameritado tratadista mexicano: "En su acepción política, que es también su acepción corriente y vulgar, el termino régimen representativo designa de una manera, ya hoy de tradición, un sistema constitucional en el cual el pueblo se gobierna por medio de sus elegidos, en oposición, sea al régimen de despotismo, en el que el pueblo no tiene ninguna acción sobre sus gobernantes, sea al régimen de gobierno directo, en el que los ciudadanos se gobiernan por sí mismos.

"El régimen representativo implica… una participación de los ciudadanos en la gestión de la cosa pública, participación que se ejerce bajo la forma de sufragio, o sea por medio del derecho de voto conferido a los gobernados electores"[59].

De modo que es un hecho incontrovertible que la representación política se sirve hoy de la elección para tener aplicación práctica. Representación y elección son, como veremos más adelante al tratar del sufragio como uno de los presupuestos de la representación política, términos que se suponen el uno al otro en tanto que el segundo es el vehículo sobre el cual la representación política llega a su objetivo: la designación de quienes, como representantes del pueblo, ejercen el gobierno de la comunidad política.

---

[58] DUVERGER, Maurice. Los Partidos Políticos. Fondo de Cultura Económica. México, 1969. Pág. 378.

[59] LANZ DURET, Miguel. Derecho Constitucional Mexicano y consideraciones sobre la realidad política de nuestro régimen. Segunda Edición. México, 1933. Pág. 47.

Pero no nos contentemos con exponer hechos. Tratemos de penetrar más hondo y escudriñemos en la esencia de la representación política, adoptando la actitud de quienes están acostumbrados a no quedar satisfechos con el examen de la apariencia de las realidades, sino a examinarlas refiriéndolas a sus causas últimas. Ellos nos permitirán ver que la representación política no es tan solo un hecho que se da en varias naciones del mundo contemporáneo, sino que tal hecho tiene una explicación profunda.

Sirvámonos de nuevo, para esos efectos, del pensamiento preclaro de Maritain cuya explicación filosófica del fenómeno de la representación política nos parece difícilmente superable: "Toda la teoría del poder en la sociedad democrática se apoya sobre la noción de representación o vicariado, en virtud del cual del derecho del pueblo a regirse por sí mismo es ejercido por unos funcionarios elegidos por él… los representantes del pueblo son 'enviados', comisionados por el pueblo para que ejerzan la autoridad, pues han sido hechos por el pueblo partícipes, en cierta medida, de la misma autoridad del pueblo, o en otras palabras, porque han sido hechos por el pueblo sus imágenes y han sido por él 'diputados'[60].

Aborda el gran pensador francés un difícil problema, que ha ocupado a muchísimos autores y que es el del fundamento último de la autoridad política, cuando dice que en la democracia representativa "el poder civil lleva la impronta de la majestad; pero esto no es porque represente a Dios, sino porque representa al pueblo, a toda la multitud y su común voluntad de vivir juntos". Encuentra Maritain la solución a tan grave cuestión precisamente dentro de la representación política, al continuar: "Y por lo mismo, puesto que representa al pueblo, el poder civil tiene su autoridad recibida, a través del pueblo, de la Causa Primera de la naturaleza toda y de la sociedad humana"[61].

---

60 CAPONIGRI, A. Robert. Op. Cit. Tomo II. Pág. 42.

61 Ibidem. Pág. 43.

Redondea el autor su exposición con el siguiente párrafo, sobre el cual huelga todo comentario: "Así pues, en un régimen democrático, la verdad fundamental, reconocida por la filosofía democrática, de que la autoridad de los gobernantes se deriva del derecho a gobernarse a sí mismo, inherente en el pueblo y permanente en él, encuentra su expresión particular y especialmente apropiada en la ley típicamente estructurada del cuerpo político. La autoridad, pues, proviniendo del pueblo, se eleva desde la base a la cima por unos hombres en los que se coloca, periódicamente y con ciertos límites, mediante la designación del pueblo: y este hecho es una señal de la continua posesión por el pueblo de aquel derecho a autogobernarse; el ejercicio del cual es lo que da título a los hombres en cuestión para tener el mando —el mando político— de otros hombres, en virtud de la fuente primaria de toda autoridad. Me refiero a aquel estatuto sumamente justo de la Razón Increada, que da fuerza de ley o de justa ordenación a lo que es necesario para la existencia misma del bien común de la naturaleza y de la sociedad, es causa de que la función gubernativa de los hombres escogidos por el pueblo sea desempeñada con derecho y, por consiguiente, de que se pueda exigir en justicia la obediencia a ellos dentro de los límites de sus poderes"[62].

Refiriéndose más tarde al modus operandi de la representación política, una vez logrado su objetivo fundamental que es, como hemos dicho, la designación de los gobernantes de la comunidad política, no titubea en establecer como principio inconmovible el de que la actividad de estos últimos, como toda actividad humana, está sujeta a los imperativos de la ética. "Los representantes del pueblo —dice— poseen la autoridad en una forma vicarial, por su calidad de vicarios, delegados o imágenes del pueblo y de diputados por él. Pero son una imagen viviente y activa, no una imagen muerta del pueblo: una imagen que en cada representante es una persona humana, dotada de razón, voluntad libre y responsabilidad. Y no pueden ejercer la autoridad delegada de

---

[62] Ibidem. Pág. 45.

que están poseídos, sino como personas humanas y agentes libres, cuyas conciencias personales se hallan comprometidas en el logro de su misión. Así, la autoridad que ellos ejercen y que es la mismísima autoridad del pueblo, de la que participan hasta cierto punto dentro de unos límites dados, es una autoridad vicarial, delegada, pero genuina autoridad, tenida, como toda autoridad del pueblo, en virtud de la Fuente Primaria de cualquier autoridad: ellos tienen realmente un derecho a mandar y a que se les obedezca. No son meros instrumentos de una mítica voluntad general, sino verdaderos gobernantes del pueblo: han de tomar sus decisiones conforme a los dictados de sus conciencias, según las leyes de esa rama específica de la Filosofía Moral que es la Ética Política"[63].

En el mismo sentido se dice que "en la elección para la representación del pueblo, el ciudadano concede su voto a un hombre de su confianza, para que éste participe en la dirección de los asuntos estatales en nombre de todo el pueblo y para el bien de él, según los dictados de su razón y la ley de su conciencia"[64].

La misma obra nos descubre el fenómeno de la representación política con términos que nos llevan a concluir de nueva cuenta que la nota que conviene a la democracia actual es la de ser representativa. Concluye su exposición indicándonos el sentido en el que la democracia de nuestros tiempos es representativa: "a diferencia de los anteriores parlamentos 'corporativos', formados por representantes de grupos o clases de la población (la nobleza, el clero, la burguesía) o también los municipios, las ciudades, las regiones, etc., el diputado de la democracia moderna es fundamentalmente el representante de todo el pueblo, ha sido elegido, no para cuidarse de intereses individuales, sino del bien público; no es, por tanto, un representante de 'intereses' sino un representante 'del pueblo' en un sentido estricto"[65]. Lo anterior debe entenderse en términos muy generales, pues no hay que

63 Ibidem. Pág. 47.

64 PEQUEÑA BIBLIOTECA HERDER. Op. Cit. Pág. 116.

65 Ibidem.

perder de vista que en algunas naciones la representación política mantiene aún hoy un sentido marcadamente corporativo.

Por lo que toca a los orígenes de la representación política, González Uribe encuentra que "el gobierno representativo ha tenido su origen en Inglaterra, país en donde se ha desenvuelto con mayor amplitud el instituto de la representación política"[66]. Sería interesante examinar al detalle la gestación de la democracia representativa, pero queda fuera del objeto de nuestro estudio hacer historia de las ideas políticas y nuestras referencias a ésta deben por tanto ser meramente incidentales. Para ubicar históricamente el momento en que comenzó el auge de la democracia contemporánea, diremos con Messner que "constituye un fenómeno histórico, al que no se presta la debida atención, el de que la democracia parlamentaria deba en gran parte su realización a las fuerzas de la economía capitalista. Si en un principio el 'comerciante real' fue un fenómeno aislado, sucesivamente irá apareciendo al lado de los poderes feudales todo un estrato social de burgueses con un poder basado exclusivamente en lo económico. La nivelación de la cultura afecta a amplios estratos. A la misma se agrega la nivelación intelectual, posibilitada por la técnica de la difusión de noticias, en especial mediante la prensa, con lo cual nació una nueva publicidad del acontecer cultural y social. Si en un principio los estrados socialmente privilegiados se adueñaron de la política, pronto vería también el nuevo estrato de la intelectualidad la política como un campo de actuación profesional...Relativamente tarde pudo el trabajador, con la conquista del derecho de voto, tener acceso a la política y ganar influencia sobre la configuración social, a la vez que seguía en una posición subordinada económica y socialmente. En las ideas y el movimiento de 1789 se abre paso, partiendo de Francia, el nuevo orden político, que arraigará sucesivamente

---

66 GONZÁLEZ URIBE, Héctor. El Problema de la Representación Política y la Solución Corporativa. JUS, Revista de Derecho y Ciencias Sociales. México, 1940. Pág. 18.

en los Estados de todos los países civilizados. En la gestación de la democracia moderna las fuerzas económicas fueron, pues, de la mano de la ideológicas"[67]. De ninguna manera significa lo anterior que la democracia representativa tenga por fuerza que permanecer vinculada con un sistema económico determinado, pues el hecho de ser, como enseña Preciado Hernández, "no una serie de slogans ni un ideal sublime, sino un modo colectivo de vida real, humano, en marcha, en prueba constante y en constante reajuste"[68], la hace sumamente dúctil, pudiendo adaptarse a todos aquellos sistemas económicos que no nieguen la libertad de los individuos, pues, como ha quedado dicho y precisado, es el principio de la libertad uno de los que integran la doctrina democrática.

Enseña Maurice Hauriou: "hay esta diferencia entre régimen representativo y gobierno representativo: en el primer caso, sólo se produce un movimiento de ideas en virtud del cual los gobernantes, cualesquiera que sean, se consideran y son considerados como representantes del Estado y de la nación, mientras que en el segundo caso la idea de la representación engendra una organización electoral que permite a la nación, con un propósito de garantía y de control, dar una investidura a los representantes"[69].

El sistema que provee la forma de gobierno representativo exige, en efecto, la existencia de una cuidadosa reglamentación que garantice el conocimiento de las posibilidades elegibles por el pueblo y la consulta sincera y limpia de la voluntad general del mismo. De manera magistral, González Luna señaló los ingredientes indispensables para que la tesis de la representación política tenga vigencia y aplicación reales. Después de la exposición que el mismo

---

67 MESSNER, Johannes. Op. cit. Págs. 147 y 148.

68 GONZALEZ L. MORFIN, PRECIADO HERNANDEZ, GÓMEZ MORIN, GONZALEZ HINOJOSA. Cuestiones Políticas y Sociales. Ediciones de Acción Nacional. México, 1965. Pág. 22.

69 Citado por GONZÁLEZ URIBE, Héctor. Op. cit. Págs. 17 y 18.

autor hace de cada uno de los presupuestos de la representación política, haremos algunas interpolaciones y comentarios con objeto de ampliarla un poco. Decía el jurista aludido que "un régimen de representación política tiene elementos imprescindibles; en primer lugar, la declaración que el titular del poder público hace de su voluntad para los fines de la integración y el ejercicio de la autoridad, es decir, el sufragio. El dato esencial del régimen representativo es éste: el sufragio efectivo, libremente emitido, honradamente computado, respetado en sus resultados, garantizado"[70].

Es mucho lo que podríamos extendernos en este punto del sufragio. Tanto si lo consideremos en cuanto al tratamiento técnico que se le da al clasificarlo en universal, restringido, familiar y profesional, como desde el punto de vista de su profunda significación. Preferimos continuar con la tónica que hemos venido siguiendo en este capítulo y sólo nos ocuparemos del sufragio en dos de sus aspectos: su concepto esencial y su alcance, aspecto este último que ofrecimos tratar en el inciso anterior cuando hablamos de las relaciones entre mayorías y minorías dentro del régimen democrático.

Pocos conceptos tan exactos pueden encontrarse acerca del sufragio como el que a continuación transcribiremos, pues abarca en su amplitud las dos clases de democracia en que el voto tiene aplicación: "El sufragio es la operación de la voluntad por la que se manifiesta la opinión del ciudadano en torno a los problemas comunes —democracia directa— o a propósito de la designación de representantes populares —democracia representativa—. El pueblo se vale del sufragio para manifestar su aceptación o su repudio o una proposición dada. Es, en el sistema representativo, el medio por el cual el elector deposita su confianza en quienes han

---

70 GONZALEZ LUNA, Efraín. Discurso publicado por La Nación. No. 387. Pág. 12.

de representarlo en el gobierno y del que se vale para hacer pesar su opinión al respecto"[71].

Pero si bien "el sufragio no es... una institución privativa del sistema democrático representativo; su organización y eficacia donde tal sistema funcione es de primerísima importancia, no sólo por la generalizada adopción del mismo, sino porque al adoptar las decisiones populares descargan —a través del sufragio— la responsabilidad de gobierno directo originalmente a cargo de la ciudadanía, en quienes son designados por ella, en sus representantes. La delegación del poder por el pueblo a sus representantes sólo puede ser verídica, sólo puede fructificar satisfactoriamente en buenos gobiernos, cuando para efectuarse descansa en una organización seria del sufragio, derecho, deber y función de los ciudadanos"[72].

Sentado el concepto, trataremos ahora del otro aspecto apuntado. ¿Cuál es el alcance del sufragio? ¿Que cualquier cuestión que ataña a la comunidad política puede ser tocada o modificada por esa manifestación externa de la voluntad de los ciudadanos? o, por el contrario, ¿hay límites que señalan dentro de cuáles cauces puede emitirse el sufragio?

La respuesta a las anteriores interrogantes es muy importante, pues a menudo se piensa que el sufragio es una panacea y que a través de él puede resolverse sobre cualquier materia. No hay tal. Nos adherimos a la corriente que sostiene que se "entiende la validez y eficacia del voto... como medio práctico para resolver cuestiones prácticas, más no cuestiones de principios. Esto en oposición a la concepción democrática de Rousseau, para quien la ley es expresión de la voluntad general que en fin de cuentas se reduce a la voluntad de la mayoría. Es que, para este pensador, como lo hace notar Maritain, el sentido democrático se origina del deseo de sólo obedecer 'a uno mismo'; siendo que en realidad

---

71 ESTRADA SÁMANO, Miguel I. Notas sobre la Democracia y la Representación Política. Tesis Profesional. U.N.A.M. México, 1959. Pág. 55.

72 Ibidem. Págs. 55 y 56.

el sentido democrático se origina del deseo de obedecer a sólo lo que es justo y por serlo"[73].

Si se aceptara la tesis contraria, los resultados serían funestos para la democracia representativa: ésta se podría devorar a sí misma[74]. Algunos ejemplos puestos por autores de la corriente a que nos adherimos no dejan lugar a dudas acerca de lo bien fundamentado de la tesis que ella sostiene.

¿No perdería el pueblo su derecho de autodeterminación si renunciara a él y se sujetara, por la vía del sufragio, al absolutismo más férreo que pueda concebirse? Obviamente no. Como sostiene Maritain, "el pueblo, al investir de autoridad a los gobernantes, no pierde en modo alguno la posesión de su básico derecho a autogobernarse... Un bien material que yo posea, no puedo darlo a otro sin perder, por el mismo hecho, mi posesión de ese bien. El concebir de esta forma las cosas es lo que ha introducido la confusión en las teorías clásicas del poder político, especialmente, como hemos visto, en la engañosa teoría de la Soberanía. Pero cuando se trata de una cualidad moral, espiritual, como lo es tal derecho, puedo yo investir a otro hombre con un derecho mío sin perder por mi parte su posesión, siempre que ese hombre reciba mi derecho a título de ser él mi vicario, mi representante. Porque entonces él viene a ser una imagen de mí mismo y en calidad de tal, es como participa de ese derecho que es, en esencia, mío... El pueblo está en permanente e inseparable posesión de su derecho a autogobernarse. Y los gobernantes, puesto que han sido hechos vicarios del pueblo o una imagen de él, están investidos *per participationem* —en toda la extensión de sus poderes— del mismo

---

73 GONZÁLEZ L. MORFIN y otros. Op. cit. Págs. 25 y 26.

74 "De otro modo, ella misma se anula... La teoría de la soberanía popular absoluta, con su consecuencia del positivismo legal es, por tanto, en último extremo incompatible con la democracia; tampoco la voluntad popular y el Estado democrático son la fuente del derecho y no puede disponer a su antojo de los derechos naturales, ni anularlos o eliminarlos". PEQUEÑA BIBLIOTECA HERDER. Op. cit. Pág. 111.

derecho y la misma autoridad para gobernar que en el pueblo existen *per essentiam*, como dados a él por el Autor de la naturaleza y basados en la Autoridad trascendente e increada"[75].

En el mismo sentido haciendo también aplicaciones del principio que sustentamos, Preciado Hernández asegura que "ni por voluntad de los gobernantes, ni por voluntad mayoritaria de los gobernados, puede imponerse la discriminación racial, o privar a los padres del derecho de determinar el tipo de educación que debe darse a sus hijos en escuelas públicas o privadas... Pues estas medidas son contrarias a los principios del derecho natural, y por lo mismo no pueden justificarse"[76].

Continuemos con la interrumpida exposición del maestro González Luna. "Luego, régimen de partidos, es decir, posibilidad jurídica, política, práctica, de que la voluntad de la ciudadanía se organice en corrientes de opinión coherentes, activas, libres, para hacer valer eficazmente su convicción, su propósito en la vida pública"[77].

Al respecto enseña Maurice Duverger con inteligente juego de palabras, que "quien conoce el derecho constitucional clásico e ignora el papel de los partidos, tiene una visión falsa de los regímenes políticos contemporáneos; quien conoce el papel de los partidos e ignora el derecho constitucional clásico, tiene una visión incompleta, pero exacta, de los regímenes políticos contemporáneos"[78], y atacando de lleno la cuestión de la importancia que para la representación política tienen en la actualidad los partidos, dice con razón: "el hecho de la elección como la doctrina de la representación, han sido profundamente transformados por el desarrollo de los partidos. No se trata, en lo sucesivo, de un diálogo entre el elector y el elegido, la nación y el Parlamento: se ha introducido un tercero entre ellos, que

---

75 CAPONIGRI, A. Robert. Op. cit. Tomo II. Pág. 46.

76 GONZALEZ L. MORFIN y otros. Op. cit. Pág. 26.

77 GONZALEZ LUNA, Efraín. Loc. cit.

78 DUVERGER, Maurice Op. cit. Pág. 378.

modifica radicalmente la naturaleza de sus relaciones. Antes de ser escogido por sus electores, el diputado es escogido por el partido: los electores no hacen más que ratificar esta selección... el elector puede escoger entre varios candidatos, pero cada uno de éstos es designado por un partido. Si se quiere mantener la teoría de la representación jurídica, hay que admitir que el elegido recibe un doble mandato: del partido y de sus electores"[79].

Todo el mundo sabe que los partidos representan un papel decisivo en la democracia moderna. Dominan o tratan de dominar los parlamentos y los gobiernos, ocupan los puestos claves en los ministerios y administraciones de acuerdo con su respectiva fuerza, se nota su influencia en todos los ámbitos de la vida pública.

Sin embargo de su importancia, nada o casi nada prevén las leyes fundamentales acerca de los partidos políticos y, dado que en la actualidad no se puede pensar en la eliminación de los partidos de la realidad política, pues son imprescindibles para el funcionamiento democrático, su situación debería quedar jurídicamente establecida y ordenada con toda precisión por una ley que reglamentara las disposiciones que sobre el particular existieran en la Constitución. La reglamentación que de los partidos hacen nuestras leyes electorales, la federal y las locales, es muy pobre[80].

El maestro Emilio Rabasa sintetiza admirablemente los dos presupuestos de la representación política que llevamos mencionados y los vincula además con la elección, cuya importancia para la representación política ya hemos demostrado suficientemente con Duverger y Lanz Duret. "El remedio consiste –dice– en hacer que la elección no sea una amenaza del orden, sino la base de la seguridad; así, los elementos conservadores y los que proclaman el derecho tendrán un interés común en garantizar el sufragio. Y

---

[79] Ibidem.

[80] Cfr. PEQUEÑA BIBLIOTECA HERDER. Op. Cit. Págs. 116 y 117.

en cuanto a los gobiernos, tendrán un alivio de tareas, cuando, emanados de la elección, sepan que en el sufragio popular encuentran el descargo de muchas responsabilidades y en la fuerza de los partidos, una base sólida de sustentación"[81].

González Luna termina su exposición diciendo: "Un tercer dato: las posibilidades de auténtica deliberación, de decisión libre, de actuación independiente de los órganos institucionales de representación... Estos son los elementos fundamentales, prácticos, de la representación política"[82].

Nos parece irrefutable lo anterior. La alusión a la división de funciones, denominación ésta que nos parece más adecuada y propia que la tradicional que alude a la división de poderes, por la sencilla razón de que el poder político no es divisible en sí mismo, sino en cuanto a las funciones que entraña, no podía estar más en su sitio. Es obvio que la representación política no existirá cuando en los parlamentos, toda la iniciativa y todas las decisiones sean obra de órganos extraños al Legislativo, que es quizá el más vinculado con la representación política. Asimismo, no habrá gobierno representativo cuando cada uno de los órganos de la autoridad política pretenda erigirse en supremo e ignore a los otros. Por ello, si lo ideal es la independencia de los poderes, por utilizar la denominación tradicional, en cuanto a las decisiones que les compete tomar, no lo es menos el establecimiento de vínculos entre ellos que produzcan, como teóricamente lo hace nuestra Carta Fundamental, no el dislocamiento, sino la coordinación de los órganos del poder político[83].

---

81 RABASA, Emilio. Op. cit. Pág. 120.

82 GONZÁLEZ LUNA, Efraín. Loc. cit.

83 Cfr. TENA RAMÍREZ, Felipe. Op. cit. Pág. 103.

LA DEMOCRACIA REPRESENTATIVA EN MÉXICO

Hasta aquí hemos examinado el concepto de democracia con sus dos elementos: doctrina y técnica; hemos visto también el instituto de la representación política, íntimamente unido a la democracia moderna, y los presupuestos que deben darse en las comunidades humanas políticamente organizadas para su realización. En síntesis, hemos tratado de lo que designamos como democracia representativa.

No podemos permanecer en el ámbito de los principios y la teoría. Necesario es que veamos hasta qué grado se han establecido en México las condiciones necesarias para la práctica diaria de la democracia representativa. Si bien, ya hemos adelantado algo de nuestra apreciación sobre el estado de la democracia en nuestro país desde nuestra introducción, el planteamiento de la cuestión materia de nuestro trabajo y, por ende, su solución, ameritan que profundicemos sobre este punto.

El artículo 40 de nuestra Constitución Federal señala que el régimen democrático mexicano es el representativo y establece las bases del sistema de la representación del pueblo en los Capítulos II, Sección I y III del Título Tercero, así como en el Artículo 115. Pero lo que aquí nos preguntamos es si el pueblo mexicano participa efectivamente en el gobierno a través del sufragio y sus representantes en la forma prevista en la Ley Fundamental, o si las instituciones que ésta establece en la realidad no funcionan de modo completamente distinto y si domina o no el sentimiento de que la cuestión política está en manos de órganos no controlados por el pueblo y por los cuales apenas se siente representado.

Comenzaremos por decir, para no pecar de internismo que, en todo Occidente, como se ha enseñado con verdad, "es probablemente cierto que... la fe en la democracia sigue aún muy viva. Ningún hombre, político ni gobierno oye con agrado que no es democrático. Al mismo tiempo, sin embargo, se puede comprobar un creciente descontento con la democracia efectiva, 'un malestar en la democracia'.

"No puede negarse que el descontento con la democracia se funda en parte en graves imperfecciones del sistema político, según el cual funciona. Las constituciones de los modernos estados democráticos provienen del siglo XIX, y han sido transmitidas, aplicadas o imitadas sin variación importante de sus rasgos esenciales, mientras que las condiciones sociales y económicas han cambiado desde entonces, en un grado muchas veces revolucionario...

"Si a pesar de esto se sostiene que la Constitución sigue en vigor, ésta se vuelve evidentemente una pura ficción. Las cosas se denominan con nombres falsos... La forma discrepa con la realidad. En último término, el derecho queda vaciado de su contenido y su aplicación es un juego de conceptos. La separación entre la ley y la realidad es a la larga insoportable. Esta es una de las raíces principales del 'malestar en la democracia'"[84].

En nuestro país ese "malestar en la democracia" adquiere perfiles propios y distintivos. Habremos de hacer una larga cita de la elegante ordenada exposición que sobre el problema hace Tena Ramírez para poder adquirirlos y tratar luego de explicarnos sus causas. Cabe señalar que la probidad intelectual del maestro a que nos referimos, ha quedado plenamente demostrada después de varios años en la cátedra y de su limpia trayectoria como ministro del máximo tribunal del país. Sostiene que "en México el problema de la democracia entraña deficiencias tan radicales, que en verdad el sistema no existe. A partir de la independencia el pivote político del país se hizo consistir en el sufragio universal, cuya existencia quedaba desmentida por la profunda desigualdad cultural y económica entre una minoría medianamente preparada y una gran mayoría destituida del conocimiento cívico más elemental. Era fácil y a veces necesario, que los gobernantes suplantaran una voluntad popular que no existía; pero también era fácil que, en nombre de esa voluntad ficticia, que como un mito sagrado erigía la Constitución, los defraudados pretendientes al

---

[84] PEQUEÑA BIBLIOTECA HERDER. Op. cit. Págs. 109 y 110.

poder fraguaran rebeliones; había pues, que emplear el ardid o la fuerza, y así nuestra historia fue dando tumbos entre cuartelazos triunfantes y represiones sangrientas.

“La Revolución social que se inició en 1914, ha trastornado todos los planes de gabinete. Por entre las grietas de una estructura electoral en desuso, que todavía postula la aritmética de los votos individuales, ha aflorado en la vida política del país el sufragio de las masas organizadas. El influjo creciente del factor colectivo, que tiende a suplantar el factor individual (elemento característico del constitucionalismo), ha introducido entre nosotros formas avanzadas de democracia social, que no se avienen con la organización electoral individualista ideada por la Constitución.

“No lo anterior, que al fin y al cabo sólo plantea un problema de técnica electoral, sino la existencia de un partido político oficial, es lo profundamente perturbador de la incipiente democracia mexicana. Un partido del gobierno es precisamente lo contrario a un gobierno de partido. La democracia quiere que todos los partidos tengan la posibilidad de ganar el gobierno; así se llega al gobierno del partido triunfante. Más cuando es el gobierno el que crea y sostiene su propio partido para perpetuarse en el Poder, estamos en presencia del procedimiento antidemocrático del partido del gobierno.

“Es cierto que la Ley Electoral autoriza y regula la existencia de los partidos por igual y que a su amparo coexisten diversos partidos. Más la permanencia no interrumpida del partido autocrático en el poder desde su fundación (salvo en eventuales y secundarias representaciones), ha suprimido de hecho toda oportunidad de turno a los demás partidos, lo que es esencial en el juego democrático. A su vez los partidos no oficiales, ante la imposibilidad de lograr el objetivo de todo partido político, como es llegar al Poder, se han recluido en una oposición amargada y sistemática. Todo lo anterior ha hecho que la ciudadanía se retraiga en una pasividad estéril…”[85].

---

[85] TENA RAMÍREZ, Felipe. Op. cit. Págs. 105 y 106.

No podemos ni intentamos desconocer que no existe, ni ha existido casi nunca en México, la representación política de la ciudadanía por el gobierno, ya se considere a éste en cuanto a su integración o en cuanto al propósito y a la realidad del ejercicio de sus funciones. Es cierto que la voluntad de la Nación poco significa para las facciones en el poder y que éstas acuden a todos los medios para asegurar su permanencia en el gobierno; pero es cierto también que, salvo excepciones brevísimas en cuanto al tiempo y al espacio, la ciudadanía mexicana no ha hecho política orgánica.

La responsabilidad, pues, de que en México la representación política sea materia tan sólo de consagración bella y halagadora en preceptos constitucionales inoperantes, es doble. Es cierto que los gobiernos que se han ido sucediendo, tienen participación importante en ella, pero no menos cierto es también que la deserción ciudadana, injustificable a pesar de todo, ha contribuido a que tal situación se vaya arraigando en nuestro medio. Y cuando ha habido participación efectiva de la ciudadanía en la cosa pública, ha sido con características poco confortantes[86].

---

[86] "Sin duda el pueblo de México ha tenido una actuación política en forma de resistencia, a veces heroica, contra los desmanes del Estado; de participación esporádica, en ocasiones extraordinariamente intensa, en actos electorales; de explosiones violentas que han llenado de sangre y de ruinas nuestra historia. Pero todas estas manifestaciones tienen carácter patológico. El ansia vital determina sacudimientos convulsivos cuando la miseria, la opresión, el desorden, hacen incontenible la desesperación o cuando, por otra parte, una coyuntura propicia o una jefatura política de prestigio ilusorio, enciende de nuevo el fuego invencible de la esperanza. La acción puede alcanzar entonces ímpetu excepcional y aún niveles heroicos". GONZÁLEZ LUNA, Efraín, Humanismo Político. Editorial JUS. México, 1955. Págs. 129 y 130. "Por el mismo hecho de que esté ordenada por la ley la participación de los ciudadanos en la organización y dirección del Estado y en la elección de las personas que han de ejercer autoridad, esa participación es un imperativo moral que, salvo excepciones, obliga en conciencia, con tanta mayor gravedad cuando sea más importante para el Bien Común el cumplimiento de esas obligaciones. Si deberes impuestos por el Derecho

Muchas son las causas en que los que piensan ven el origen del estado de postración de la democracia representativa en México, algunas de las cuales ya han quedado mencionadas en las ideas precedentes. Hagamos alusión a una que se menciona con frecuencia no sólo para explicar nuestro atraso democrático, sino para tratar de justificarlo. Se dice que el retraso de la democracia en el país corresponde a su incipiente desarrollo económico. Respondamos a lo anterior con Moreno Sánchez, cuyo razonamiento aceptamos plenamente en este punto. "La democracia no puede ser subproducto del desarrollo, sino que es una condición del mismo. Es falso que el peso inerte de la población marginal, sea lo determinante en el proceso retrasado de nuestra democracia. Hay y ha habido siempre países en los que la democracia rige para los sectores desarrollados, facilitando con ello el avance sobre las zonas oscuras del desarrollo y de la subdemocracia. Si se nos dijera que en los sectores que han progresado en el país existe un progreso democrático y que, desafortunadamente, ese progreso no abarca a todos los niveles de la población, porque se detiene precisamente en donde comienzan los niveles de pobreza, podría parecer aceptable el razonamiento. Pero decir que no hay desarrollo democrático en los sectores superiores y más desarrollados, porque hay una población marginal, es un contrasentido... Según esto, los más desarrollados tienen que esperar a que el desarrollo económico absorba a todos los marginados, para que ellos puedan gozar del ejercicio democrático en sus derechos políticos. Sin embargo, hasta en los países desarrollados hay zonas marginadas y nadie podría afirmar que ellas detienen el progreso democrático de las demás. En esos países, la mayoría desarrollada, se apresta a absorber al sector marginal. Del mismo modo podría ocurrir entre

---

Privado –Mercantil o Civil–, son considerados de interés público, cuánto no lo serán aquellos que miran directamente a la organización de la República y de su Gobierno". CALDERÓN VEGA, Luis. El 96.47% de los Mexicanos. Ensayo de Sociología Religiosa. Editorial Fimax. Morelia, 1964. Pág. 133.

nosotros. El cuarenta por ciento que se halla en condiciones de ejercer una actividad democrática aceptable en lo político, debería hacerlo para buscar la incorporación de los demás, sin esperar pasivamente hasta que todos alcancen el desarrollo económico y en consecuencia mejoren su participación democrática[87].

La repetición aparentemente fatal de hechos contrarios a la efectividad del régimen democrático no resta importancia a la actitud de muchos mexicanos respecto de las posibilidades democráticas en México, al contrario. El aumento de la abstención en varias de las últimas elecciones subraya la gravedad del fenómeno. A la retirada progresiva de la ciudadanía corresponde la invasión de la fuerza y del hecho consumado, contra el consenso moral y el respeto al derecho de la sociedad mexicana. Los resultados de los episodios electorales no se pueden interpretar como simples vaivenes superficiales de un oleaje programado. Las olas, aunque no falte quienes las ridiculicen, tienen siempre un mar de fondo. En muchos casos, la abstención ha caminado de la indiferencia apática, frente a la vida nacional, a la protesta consciente contra la voluntad deliberada de hacer intransitables los caminos democráticos y pacíficos en México[88].

Es explicable que, en tales condiciones, se vaya generando en ciertos medios al desaliento respecto de la posibilidad de solución pacífica de los problemas de México. En unos, el desconcierto sincero, los aleja de la actividad. En otros, el radicalismo

---

[87] MORENO SÁNCHEZ, Manuel. Op. cit. Págs. 37 y 38.

[88] "Cuando el poder, a cuyo cargo está el respeto a la voluntad popular en las democracias, no cumple su obligación de respetar los designios del pueblo, la democracia lo será sólo de nombre. La autoridad perderá su fuerza, que no puede ser otra que la que le brinda el apoyo del pueblo, y la comunidad se verá sumida en el desconcierto y el abandono. Y tarde o temprano, superando la crisis de la desesperanza colectiva y las burlas a su voluntad, el pueblo se sentirá y se hará dueño del poder –así sea usando de la violencia– y buscará gobernarse por sí mismo, pondrá en vigor las decisiones de su voluntad soberana". ESTRADA SÁMANO, Miguel I. Op. cit. Pág. 82.

verbal es simple disfraz de un aislamiento temeroso y oportunista. Otros absolutizan la inmovilidad antidemocrática de la oligarquía y consideran que el único enfrentamiento con el sistema es la violencia futura, con el consiguiente menosprecio de actividades no violentas en el presente. Se exige, de acuerdo con esta última actitud, la destrucción total del mal total, sin admitir perspectivas de esperanza ni reconocer la obligación moral de preferir la reforma profunda y difícil a la destrucción. Se entrecruzan corrientes diversas de pensamiento y actitud, con facilidad se dan por definitivamente clausuradas en México las posibilidades no violentas. De hecho, creemos que, con todo, las experiencias electorales no autorizan a rechazar los medios no violentos, pues no han sido aplicados con perseverancia.

La violencia como un medio para llegar a fines democráticos presenta problemas muy graves. Precisamente se piensa en la violencia como solución cuando no operan en una sociedad los medios democráticos para la realización de los fines naturales y legítimos de las personas y de las comunidades. La situación social inaceptable, provocada por la falta de conciencia, de cooperación social y de formas organizadas operantes, es el terreno fértil para las ideas de solución violenta. Debemos preguntarnos, con toda honradez, a título de qué se supone que las circunstancias antidemocráticas que hacen surgir la violencia, por explicable que ésta sea, garantizan el establecimiento de un régimen genuino de democracia representativa por parte de la violencia triunfante. La violencia, como fruto de la democracia inoperante, no ofrece la menor garantía democrática al llegar al poder. Por principio lógico elemental, tiene que haber homogeneidad y proporción entre el camino y la meta, el medio y el fin. La democracia representativa, según hemos sostenido, arranca de la participación responsable y orgánica, de la cooperación social, del control popular del poder. El proyecto violento no es concebido por las mayorías, supone una actividad minoritaria y, por ello, la falta de control popular en la forma de gobierno que surja de su realización. Es ingenuo suponer que, por arte de magia, se puede violar en política el vínculo ineludible que ata a la causa con el efecto. Por lo demás, debemos distinguir claramente entre solución y desenlace. Un drama tiene desenlace cuando simplemente acaba, cuando termina de cualquier manera. Por el contrario, la solución no es la salida indeterminada, el final indiferente de una situación problemática. Es el llegar a una situación conocida y querida previamente. Queremos la solución de los problemas de México y no simplemente su desenlace irresponsable. Para lograr soluciones, hay que aceptar el reto al valor y a la imaginación de los no violentos, de los que no consideramos agotados los medios pacíficos en nuestro país.

Somos perfectamente conscientes de que son muchos y muy graves los asuntos que hoy demandan el esfuerzo nacional y la atención del gobierno; pero tal vez ninguno sea de más urgente solución que el de establecer los medios adecuados para lograr la autenticidad de la representación política, sin lo cual no podrá obtenerse la unidad nacional, condición indispensable para la defensa y afirmación de México en las circunstancias actuales y única base cierta para la solución pacífica de los problemas nacionales.

Lograr esta autenticidad de la representación política, es una grande empresa que requiere la esforzada preparación del espíritu cívico, la formación de una opinión pública ilustrada, organizada, con medios apropiados de expresión; el concurso de autoridades dispuestas a servir a la comunidad; tal vez la modificación estructural de las instituciones políticas constitucionales, para ajustarlas más a la realidad y a los anhelos del pueblo mexicano. Pero el primer paso, en esta grande empresa es, a nuestro modo de ver, el de dictar las medidas legales adecuadas para hacer posible y eficaz el sufragio, forma elemental y garantía mínima de la autenticidad de la representación, según hemos dicho.

Es pues, preciso, para el bien de México y para hacer frente a las graves exigencias de la situación actual, adoptar las medidas que aseguren la genuinidad de la representación política, base de nuestra estructura jurídico-política. De esas medidas, permítasenos insistir, la inicial y más urgente, la más inmediatamente realizable, contra la que no puede existir oposición fundada, es la creación de las condiciones legales y prácticas necesarias mediante la reforma del régimen electoral.

Quizá sólo la abrumadora cadena de infortunios que sobre México ha pesado a lo largo de su historia, pueda explicar que existan en nuestro país, consagrados como sistemas legales, procedimientos electorales que, a más de ser anticuados, son ineptos para dar organización adecuada a la elección de los gobernantes. En nuestra introducción precisamos que no nos ocuparíamos de todo el sistema electoral mexicano, por ser un tema demasiado amplio, sino que analizaríamos solamente los sistemas de calificación de las elecciones existentes dentro de aquél, aspecto que sin duda está envuelto por la situación general que hemos examinado antes.

Precisado así el objeto de nuestro trabajo y convencidos como estamos de que "el único camino que se abre al mundo contemporáneo para la solución de los problemas que lo agitan y que revisten perfiles señalados propios de nuestros países iberoamericanos, es el camino de la democracia, el camino que permite que el diálogo –el diálogo entre todos–, se lleve a cabo, como se ha dicho bellamente, 'con probidad intelectual y con libertad responsable', que nos permite buscar y encontrar los caminos que habrán de llevarnos a alcanzar las metas que todos deseamos, las metas de una convivencia dentro de una justicia que dé a todos lo que material y espiritualmente tienen derecho a recibir"[89], así como de que "la salvación y el fracaso de la democracia depende en gran parte del modo de lograr la suprema representación del pueblo y de organizarla una vez lograda"[90], transponemos el umbral de nuestro tema.

---

89 ESTRADA ITURBIDE, Miguel. Discurso pronunciado en la Cámara de Diputados con ocasión de la visita de una delegación de parlamentarios de Guatemala, Solidaridad Parlamentaria Guatemala–México. Imprenta de la. H. Cámara de Diputados. México, 1967. Pág. 9.

90 WELTY, Eberhard. Catecismo Social. Editorial Herder. Barcelona, 1957. Tomo Segundo. Pág. 244.

II. Sistemas de calificación electoral

CALIFICACIÓN ELECTORAL

Interesa, antes que nada, precisar el alcance que en derecho tiene el término calificación, pues, como veremos más adelante, en nuestro medio se le ha atribuido al término, aplicado a la materia electoral, una significación desmesurada y ha querido hacérsele aparecer como sinónimo de facultad omnímoda, no sujeta a más ley que la resultante del capricho de quien usa de ella, en una palabra, arbitraria.

Calificación es el acto o el efecto de calificar. Este último vocablo admite en derecho, como lo hace notar Cabanellas varios sentidos: "apreciar o determinar las circunstancias de un delito, su autor, naturaleza y la pena que al mismo corresponde. Probar legalmente la nobleza de sangre. En general, enjuiciar cualidades y circunstancias"[91].

Este último sentido más general es el que a nosotros nos interesa. Lo precisa más el mismo autor cuando dice que "el resultado de la calificación puede ser la aprobación, el denegarla o la suspensión; según se ajusten a Derecho, lo contradigan o quepa complementarlos o subsanarlos"[92], refiriéndose a los datos de la realidad que sirven de base para llevar a cabo la calificación y que Cabanellas designa, según hemos consignado como "cualidades y circunstancias".

De modo que calificar implica enjuiciar, ejercitar la jurisdicción que, ateniéndonos a la etimología de la palabra, no es otra cosa que decir el derecho –juris dicere– y que se concreta en la

---

91 CABANELLAS, Guillermo. Op. cit. Tomo I. Pág. 319.

92 Ibidem.

"facultad de decidir con fuerza vinculativa para las partes, una determinada situación controvertida"[93], según definición exacta de un distinguido procesalista, hijo y maestro en nuestra Escuela.

En un Estado de Derecho, esa "facultad de decidir", cualquiera que sea el órgano al que se atribuya o confiera, no puede ejercitarse al margen de la ley, se ha de concretar a aplicar normas preestablecidas a hechos o situaciones dados y comprobados.

¿Por qué pensar entonces, en que la calificación electoral, al fin y al cabo una especie de calificación, ha de quedar privada de las características de ésta, como una calificación sui generis? La calificación de las elecciones es la facultad de decidir, con fuerza vinculativa para las partes contendientes y con sujeción a las leyes aplicables, las situaciones controvertidas en materia electoral.

Tales situaciones controvertidas surgen cuando alguna de las partes contendientes alega ante el órgano calificador, dotado de jurisdicción, que se cometieron graves irregularidades en las etapas anteriores del proceso electoral y que esas irregularidades afectan al resultado de la elección. El órgano calificador debe entonces solicitar que se le aporten las pruebas que acrediten la comisión de las irregularidades y aun allegarse por sí mismo dichas constancias, oír a la otra parte y decidir en consecuencia, según lo alegado y probado y atribuyendo a los hechos comprobados las consecuencias a ellos atribuidas por la ley.

Esas son las características de la calificación electoral que, como se ve, no difieren en lo sustancial de las que representa cualquier otro tipo de calificación. Resulta pues, absurdo entender por calificación una facultad para impedir que se reconozcan triunfos electorales, por considerar al electo incapaz o indigno para desempeñar el cargo, no en razón de impedimentos legales que lo hagan inelegible, sino por hechos o apreciaciones de los encargados de calificar la elección.

---

93 BECERRA BAUTISTA, José. Introducción al Estudio del Derecho Procesal Civil. Primera Edición. Editorial, Jus. México, 1957. Pág. 35.

PRINCIPALES SISTEMAS

Hagamos una exposición, que no por su brevedad dejará de ser ilustrativa, de los principales sistemas que se utilizan en algunos países para calificar las elecciones y del proceso de desarrollo que sus legislaciones han sufrido hasta llegar a la adopción de dichos sistemas.

Pero antes precisamos que el objeto del Derecho Comparado, no es tan sólo llevar a cabo una fría equiparación de los ordenamientos jurídicos. El fruto que se obtiene de él consiste en que esa equiparación sirve en muchas ocasiones de motor para que la legislación propia se modifique o reforme, a la luz de los logros que en otras legislaciones se hayan obtenido.

El Derecho Comparado sirve pues grandemente para reformar sistemas, adoptando y adaptando aquellos que sean más jurídicos, que vayan más de acuerdo con la realidad, los cuales pueden haber sido concebidos en una época distinta o por una comunidad humana diferente.

Solamente cuando se entiende así, el Derecho Comparado tiene sentido. De otro modo, se reduce a una ociosa, aunque pueda parecer erudita, confrontación de leyes.

A propósito de los sistemas de calificación electoral, Duverger ha hecho un planteamiento a nuestro modo de ver muy acertado. "La regularidad de la elección –dice el maestro de París– puede dar lugar a impugnaciones: ¿quién las juzgará?, ¿quién va a controlar el desarrollo correcto del este escrutinio? Para ello son posibles dos sistemas: o bien lo contencioso electoral se confía un tribunal, o bien es confiado a la misma Asamblea salida del escrutinio"[94].

El mismo autor critica ambos sistemas, designándolos como "contencioso jurisdiccional" y "contencioso político", respectivamente, a la

---

94 DUVERGER, Maurice. Instituciones Políticas y Derecho Constitucional. Pág. 101.

vez que nos explica las aplicaciones que han tenido en Francia y en Turquía. "El sistema contencioso jurisdiccional es el más lógico. Se trata de realizar un acto que entra en las normales atribuciones de un juez. Y por esto lo han adoptado numerosos países. En Francia mismo, son los tribunales administrativos los encargados de juzgar lo contencioso de las elecciones locales (de distrito y departamentales). En Turquía, el control de las elecciones por los tribunales, minuciosamente establecido en 1950, señala el punto de partida de un sistema de libres elecciones.

"A pesar de todo, tal sistema puede tener sus inconvenientes. Si los jueces no son completamente independientes del gobierno, puede temerse su parcialidad. Y aunque lo sean, su reclutamiento y sus funciones les dan una mentalidad conservadora que a su vez puede darles una simpatía a priori respecto de los partidos de derechas.

"El sistema de lo contencioso político, que hace de la Asamblea elegida el juez de sus propios miembros, no tiene solamente como fin poner coto a tales inconvenientes; está asimismo ligado a la idea de soberanía nacional, lo cual conduce, en la tradición francesa, a la soberanía del Parlamento. Es decir, que éste se encuentra colocado en la cúspide de la jerarquía y que, por consiguiente, ningún órgano del poder es superior al mismo. Parece, pues, inadmisible que un juez pueda controlar la elección de los miembros del Parlamento. Por eso, las elecciones parlamentarias en Francia estaban, antes de 1958, controladas por el Parlamento, procediendo a la verificación de los poderes de sus miembros al principio de cada legislatura.

"Tal procedimiento garantiza a los elegidos la no injerencia gubernamental, pero no los protege contra sus adversarios políticos. En general, las Asambleas se preocupan menos de la justicia que de sus preferencias políticas, en materia de contencioso electoral; 'convalidan' sin dificultad a los diputados de su mayoría, esforzándose, por otra parte, en invalidar a los otros. Pero, en todo caso, y esto es esencial, los electores tienen la última palabra; sin embargo, la ley francesa de 1951 ha permitido a la Asamblea nacional, elegida en 1956, proclamar elegidos, en lugar de los invalidados, a candidatos que habían sido batidos, lo cual es chocante"[95].

Rasgo común a los dos sistemas es el de buscar una manera idónea para calificar las elecciones. Pero el rasgo común a ambos es también el de presentar inconvenientes, pues son imperfectos como toda obra humana.

La desventaja del sistema, que Duverger llama "contencioso jurisdiccional" y que el mismo maestro apunta al decir que puede presentarse parcialidad en los jueces si no son independientes del gobierno, se puede remediar rodeando al órgano de calificación de las garantías de independencia necesarias, como se ha hecho en varios de los órdenes jurídicos en que tal sistema ha encontrado acogida.

Los inconvenientes que presenta el otro sistema son más difíciles de evitar, pues su estructura misma parece hacer inadmisible que los jueces intervengan para rectificar el fallo dictado por el órgano político encargado de llevar a cabo la calificación. No obstante, lo anterior, algunos de los regímenes en que ese sistema se ha adoptado, han sido un tanto audaces al no considerar como definitivas e inapelables las resoluciones de los órganos calificadores y establecer, en consecuencia, recursos contra ellas, en cuya tramitación con frecuencia se da intervención a los jueces. Eso sucede sobre todo en aquellos órdenes en que el control de la legalidad es confiado en última instancia a los órganos jurisdiccionales, órdenes en los que se ha llegado inclusive a la creación de un verdadero servicio judicial electoral.

Muy interesante es la exposición que sobre estos tópicos hace Edward McChisney Sait, colaborador de la prestigiada Encyclopedia of the Social Sciences, la cual seguiremos a continuación. De acuerdo con ella, la validez de una elección puede impugnarse con base en distintas razones, como son la conducta ilegal de quienes tienen a su cargo la preparación y vigilancia de la elección, o

---

95 Ibidem. Págs. 101 y 102

las prácticas corrompidas que utilizó el candidato triunfante, o porque éste es inelegible o se ha aprovechado de la emisión de votos ilegales.

Al igual que Duverger, McChisney encuentra que hay dos métodos diferentes de zanjar las controversias sobre elecciones. La función inherente a ello puede considerarse como de carácter político y entonces confiarse la decisión a órganos políticos, o puede ser considerada como judicial, confiriéndose jurisdicción a los tribunales para ese efecto. En el sistema del "common law", el recurso del "quo warrants" proporciona un remedio apropiado para que un candidato impugne la validez de la elección de su oponente y por el cual aquél puede solicitar la remoción de éste y, consiguientemente, que el cargo se le confiera a él mismo. Sin embargo, tal remedio ha sido suplantado por disposiciones constitucionales y legales que varían no solamente en los diferentes países sino en la relación con los diversos cargos de elección popular. Los órganos legislativos que poseen el llamado poder soberano, como el Congreso norteamericano y las legislaturas de los Estados que integran la Unión, califican la elección de sus propios miembros, así como la de los titulares del Poder Ejecutivo. Los casos controvertidos que se suscitan en relación con elecciones para cargos de menor importancia, se ventilan en los tribunales judiciales.

En Francia, la Asamblea Nacional ha mantenido su prerrogativa como autoridad de última instancia, para decidir controversias electorales desde 1789, y la Constitución de 1875 determina que cada Cámara juzgue sobre la elegibilidad de sus miembros y sobre la regularidad de su designación. Los miembros de una nueva Cámara de Diputados se dividen mediante sorteo en once secciones llamadas "bureaux". Los resultados de la elección y todos los documentos relativos a ella, se distribuyen entre los "bureaux" para que sean examinados por ellos. Un dictamen emitido respecto de cada elección determina, si el candidato era elegible, si obtuvo la votación requerida para desempeñar el cargo, si el desarrollo del proceso electoral fue acorde con la ley y si hubo cualquier circunstancia, como la utilización de medios corrompidos, que haya viciado la elección.

Si los hechos comprobados dificultan el veredicto, la Cámara puede acordar que se designe una comisión de investigación compuesta de once miembros, de los cuales designa uno cada "bureau", con facultades para exigir la comparecencia de testigos y tomar sus declaraciones bajo juramento. La Cámara decide finalmente, sin ninguna restricción de su prerrogativa. El sistema así instaurado, ha sido usualmente influenciado en su funcionamiento más por consideraciones partidistas que por un esmerado sentido de justicia. Por ello, se han hecho proposiciones tendientes a transferir la función al más alto tribunal administrativo, el Consejo de Estado.

Respecto a las asambleas francesas locales, el procedimiento es regulado por leyes secundarias. Todas las controversias sobre elecciones se ventilan en los tribunales administrativos. Cuando un cargo concejil en un municipio o en un distrito o departamento es controvertido, la reclamación se presenta ante el tribunal administrativo de primera instancia, el Consejo Prefectorial, con derecho a interponer apelación contra la resolución de éste, ante el Consejo de Estado. El mismo procedimiento se sigue cuando la elección de un alcalde es impugnada.

El sistema utilizado en Francia y en otros países se ha derivado principalmente de los precedentes ingleses y por ello es especialmente interesante conocer las experiencias obtenidas por la madre de los parlamentos durante un periodo de tres siglos o más. La Cámara de los Comunes en un principio afirmó tener derecho para juzgar la controversia sobre resultados electorales, hacia finales del reinado de Isabel. El hecho de que haya tomado medidas frente a una ordenanza de Enrique IV, la cual daba jurisdicción al lord canciller, indica hasta qué punto la Cámara tenía sentido de su creciente poder y determinación de mantenerse libre del control del soberano. Sin embargo, Jaime I, resistiéndose obstinadamente a la pretensión de la Cámara, obligó a ésta a aceptar un compromiso en el caso de elección celebrada en 1604 en Bukinghamshire. Desde esa época, la jurisdicción de la cancillería nunca fue afirmada de nuevo y la de la Cámara nunca fue cuestionada. Ahora la Cámara tenía los medios para contrarrestar el abuso de la autoridad real en el manejo de las elecciones.

Al lado de lo anterior, vino el abuso del partidarismo. Los intereses de carácter político hicieron a un lado los dictados de la justicia. Cada votación objetada llegó a ser una prueba para la fuerza de los partidos, cada vez más poco respetuosos de los datos objetivos del caso concreto a discusión. Los escándalos que ello provocó fueron tales que en 1770 la Ley Grenville quitó a la Cámara la facultad de decisión en casos electorales impugnados y la confirió a una comisión integrada por quince miembros de la misma Cámara. Un elaborado procedimiento para la selección de la comisión fue establecido para asegurar imparcialidad, pero, aunque ello trajo consigo una considerable mejoría, los viejos males de ningún modo desaparecieron. Tampoco la opinión pública fue más crítica y sensitiva en esta materia conforme el siglo XIX fue avanzando, pues consideraba satisfactoria la última modificación introducida por el plan Grenville. No obstante, si bien el sistema de la comisión demostró menos permeabilidad al partidarismo, hizo muy poco por controlar el uso indebido de fondos para campañas y emitió decisiones que fueron inciertas y contradictorias. Al fin, en 1868, en virtud de un cambio radical de principio, la materia que nos ocupa fue confiada a la Alta Corte de Justicia. Dos jueces (solamente uno hasta antes de 1879) que son designados por los otros jueces de la Corte, tramitan la inconformidad en el distrito o condado en que se celebró la elección y comunican su decisión al presidente de la Cámara ("speaker of the House"). De hecho, la decisión es definitiva y tiene gran autoridad, pues aunque la Cámara es legalmente competente para revocar la decisión de los jueces y aún para sustituir su jurisdicción, nunca hace uso de esa facultad.

Sin duda, el sistema inglés tiene algunos defectos. Además de los gastos y demoras que generalmente implica todo litigio, algunas veces, los jueces emiten sus decisiones sobre bases demasiado técnicas o fundándolas en motivos insignificantes. Pero lo que es un hecho es que los jueces se han mantenido a sí mismos libres de toda sospecha que pudiera indicar su parcialidad hacia alguna tendencia política. Además, la opinión pública inglesa no toleraría el regreso al viejo sistema. En último análisis, la eficacia de las leyes establecidas contra la corrupción electoral, depende de la aplicación que de ellas hagan los tribunales y de la pérdida automática que del cargo sufra el candidato culpable. La práctica inglesa ha sido imitada no solamente por los países de Common Wealth, sino también por varias naciones europeas[96].

Los argumentos que señala Duverger se esgrimen en favor de lo que él llama el "sistema de lo contencioso político" y otros más, llevaron a los autores de la Constitución norteamericana de 1787 a establecer en la Sección 5 del Artículo I que "Cada Cámara calificará las elecciones, los informes sobre escrutinios y la capacidad legal de sus respectivos miembros..."[97].

Varias constituciones de otros países han establecido o establecen el mismo sistema. Ante la imposibilidad de transcribir los preceptos relativos, por razones de tiempo y espacio y también para no privar de agilidad la lectura de nuestro trabajo, nos limitaremos a enumerarlos:

Artículo 56 de la Constitución de Argentina, Artículo 33 de la Constitución de Baviera, Artículo 59 de la Constitución de Bolivia, Artículo 103 de la Constitución de Colombia, Artículo 47 de la Constitución de El Salvador, Artículo 148 de la Constitución de Guatemala, Artículo 120 de la Constitución de Panamá, Artículo 71 de la Constitución de Paraguay, Artículo 44 de la Constitución de Rumanía, Artículo 158 de la Constitución de Venezuela, Artículo 55 de la Constitución de Checoslovaquia, Artículo 33 de

---

96 Tomado en lo sustancial del magnífico artículo titulado Contested Elections, por Edward McChisney Sait. ENCYCLOPEDIA OF THE SOCIAL SCIENCES. The McMillan Company, New York, MCMLIX. Volume three. Págs. 808 y siguientes.

97 STEELE COMMAGER, Henry. Op. cit. Pág. 11.

la Constitución de Dinamarca, Artículo 41 de la Constitución de Francia, Artículo 66 de la Constitución de Italia, Artículo 64 de la Constitución de Noruega, Artículo 59 de la Constitución de la República Democrática Alemana, Artículo 50 de la Constitución de la Unión de Repúblicas Socialistas Soviéticas, Artículo 39 de la Constitución de Uruguay y Artículo 76 de la Constitución de Yugoeslavia.[98]

Todos estos preceptos concuerdan en lo sustancial con el que se comprende en la Sección 5 del Artículo I de la Constitución de los Estados Unidos de América ya citada.

También el sistema señalado por Duverger en primer término dentro de su planeamiento aludido, ha encontrado varios seguidores en los preceptos de constituciones extranjeras que encargan la calificación de los comicios a un tribunal de elecciones. Presentan diversas modalidades que es muy interesante examinar detalladamente. Todos ellos, en una forma u otra, establecen tribunales electorales. Son los siguientes:

a. La Constitución Federal de la República Austriaca de 1° de octubre de 1920 estableció en su artículo 141 que "la Alta Corte Constitucional entiende en las impugnaciones que se entablen contra las elecciones para el Consejo nacional, el Consejo federal, las Dietas y demás Asambleas representativas" y confirió así al más alto Tribunal de Austria la facultad de decidir en última instancia en materia electoral[99].

b. En el Capítulo III de la Constitución Política de la República de Costa Rica, se regula con todo detalle la organiza-

---

98 El texto de varios de los artículos antes enumerados, puede consultarse en las páginas de la 342 a la 344 del Tomo VI de la obra Derechos del Pueblo Mexicano, México a través de sus Constituciones, editada por la XLVI Legislatura de la Cámara de Diputados. Otros pueden consultarse en MIRKINE-GUETZEVITCH, B. Las Nuevas Constituciones del Mundo. Editorial España. Madrid, 1931.

99 MIRKINE GUETZEVITCH, B. Op. cit. Pág. 173.

ción y el funcionamiento de lo que esa Ley Fundamental designa como Tribunal Supremo de Elecciones. De acuerdo con el artículo 99, "la organización, dirección y vigilancia de los actos relativos al sufragio, corresponden en forma exclusiva al Tribunal, el cual goza de la independencia en el desempeño de su cometido". El Tribunal se integra por tres magistrados propietarios y tres suplentes, nombrados por la Corte Suprema de Justicia por votación no menor de los dos tercios del total de sus miembros (artículo 100). Deben además reunirse en los miembros del Tribunal iguales condiciones que las exigidas a los integrantes de dicha Corte y están sujetos a las mismas responsabilidades que éstos. Un año antes y seis meses después de la celebración de una elección popular, el Tribunal deberá integrarse con sus miembros propietarios y dos de los suplentes escogidos por la Corte Suprema para formar, en esa época, un Tribunal de cinco miembros. Los magistrados del Tribunal están sujetos a las condiciones de trabajo, en lo que fueren aplicables, y el tiempo mínimo de labor diaria que indique la Ley Orgánica del Poder Judicial para los magistrados de la Sala de Casación, y perciben las remuneraciones que se fijan para éstos. El artículo 101 dispone que "los Magistrados del Tribunal Supremo de Elecciones durarán en su cargo seis años, un propietario y un suplente deberán ser renovados cada seis años, pero podrán ser reelectos. Los Magistrados del Tribunal gozarán de las inmunidades y prerrogativas que corresponden a los miembros de los Supremos Poderes" y entre las funciones del Tribunal, el artículo 102 en sus incisos 3) y 7), señala las siguientes: "interpretar en forma exclusiva y obligatoria las disposiciones constitucionales y legales referentes a la materia electoral" y "efectuar el escrutinio definitivo de los sufragios emitidos en las elecciones de Presidente y Vicepresidente de la República, Diputados a la Asamblea Legislativa, miembros de las municipalidades y Representantes de Asambleas Constituyentes". El precepto 103 de esa misma Constitución, establece que no hay recurso que se pueda interponer contra las resoluciones del Tribunal, salvo la acción por prevaricato[100].

c. El artículo 26 de la Constitución de otra hermana República de esta América nuestra, Chile, en su parte conducente, establece: "la calificación de las elecciones de Diputados y Senadores y el conocimiento de las reclamaciones de nulidad que se interpongan contra ellas, corresponde al Tribunal Calificador". La reglamentación de este precepto se encuentra en el artículo 79 de la propia Ley Fundamental chilena que dice así: "un tribunal especial que se denominará Tribunal Calificador, conocerá de la calificación de las elecciones de Presidente de la República, de Diputados y de Senadores. Este Tribunal procederá como jurado en la apreciación de los hechos, y sentenciará con arreglo a derecho. Sus miembros serán cinco y se renovarán cada cuatro años, a lo menos con quince días de anterioridad a la fecha de la primera elección que deban calificar. El mismo Tribunal calificará todas las elecciones que ocurran durante el cuadrienio. Los cinco miembros del Tribunal Calificador se elegirán por sorteo entre las siguientes personas:

"Uno, entre los individuos que hayan desempeñado los cargos de Presidentes o Vicepresidentes de la Cámara de Diputados por más de un año; uno, entre los individuos que hayan desempeñado los cargos de Presidente o Vicepresidente del Senado, por igual período; dos entre los individuos que desempeñen los cargos de Ministros de la Corte Suprema, y uno, entre los individuos que desempeñen los cargos de Ministros de la Corte de Apelaciones de la ciudad donde celebra sus sesiones el Congreso. La Ley regulará la organización y funcionamiento del Tribunal Calificador"[101].

---

100 Constitución Política de la República de Costa Rica. (7 de noviembre de 1949). Asamblea Legislativa. Imprenta Nacional. San José, 1965.

101 Constitución Política de la República de Chile y Reglamento del Senado. Imprenta Universo. Santiago, 1958. Págs. 14, 15 y 37.

Al igual que el establecido en Costa Rica, el sistema chileno funciona, pues el Congreso de Chile está integrado por Cámaras pluripartidistas donde el diálogo florece y, sobre todo, tiene categoría de Poder. Hemos visto a prueba ese sistema en varias elecciones, señaladamente en la que, celebrada en 1970, llevó al poder a Salvador Allende.

d. La Constitución de la República Checoeslovaca de 29 de febrero 1920, estableció también en su artículo 19 que:

1.- Se instituye un Tribunal electoral para decidir de la validez de las elecciones de la Cámara de Diputados y al Senado

2.- Los detalles se regulan por la ley"[102].

e. Asimismo, han establecido tribunales electorales los artículos en seguida enumerados:

Artículo 43 de la Constitución de Grecia,

Artículos 45 y 181 de la Constitución de Honduras,

Artículo 307 de la Constitución de Nicaragua,

Artículo 12 de la Constitución de Prusia de 30 de noviembre de 1920 y Artículo 31 de la Constitución del Reich Alemán de 31 de julio de 1919, comúnmente conocida como Constitución de Weimar.

Por su importancia histórica, transcribimos los dos últimos artículos mencionados:

"Art. 12. 1.- La validez de las elecciones es examinada por un Tribunal de verificación de los Poderes establecido en la Dieta. Esta misma jurisdicción decide si un diputado ha perdido su mandato. 2.- El Tribunal de verificación de poderes está compuesto de miembros de la Dieta, elegidos por ella, por la duración del periodo legislativo, y

[102] MIRKINE GUETZEVITCH, B. Op. cit. Pág. 234

de miembros del Tribunal administrativo supremo que la Presidencia de esta jurisdicción designa para el mismo lapso de tiempo. 3.- El Tribunal de verificación se pronuncia por la voz de un colegio que comprende tres miembros de la Dieta y dos miembros judiciales. Los debates son orales y públicos. 4.- Fuera de los debates ante el Tribunal de verificación, el procedimiento se lleva por uno de los miembros de la Sala perteneciente al Tribunal Administrativo Supremo. Este miembro no puede formar parte del colegio que conoce en el fondo del asunto. 5.- Los detalles serán regulados por una ley especial".

"Artículo 31.- Se instituye en el Reichstag un Tribunal Electoral que entiende sobre la regularidad de las elecciones y también sobre la pérdida del mandato de diputados. Este Tribunal se compone de miembros del Reichstag, que éste escoge, para la duración de la diputación y de miembros del Tribunal Administrativo del Reich (Estado) (Reichsverwaltungsgerisht), que el presidente del Reich (Estado) designa sobre la propuesta de la propuesta de la presidencia de este Tribunal. Los fallos del Tribunal electoral deberán ser rendidos por cinco jueces al menos, tres miembros del Reichstag y dos miembros del orden judicial. Fuera de las visitas, la instrucción es conducida por un comisario del Reich (Estado), nombrado por el presidente del Reich (Estado). Para el resto, la instrucción está regulada por el Tribunal mismo"[103].

Como se advierte, ambos tribunales estaban integrados por miembros procedentes de distintos órganos de poder.

En algunas legislaciones se ha establecido un sistema que podemos calificar de mixto, pues participa tanto del contencioso político como del contencioso jurisdiccional. Se establece en ellas que la calificación la haga el Parlamento, pero se admite recurso

---

[103] Ibidem. Págs. 125 y 65.

contra la decisión de éste. Tal es el sentido de los artículos 37 y 38 de la ley 22 sobre la Alta Cámara de la Dieta, expedida en Hungría en 1916[104]. La Constitución de la República de Polonia votada el 01 de marzo de 1921, establecía en su artículo 19 que "la validez de las elecciones se determina por la Dieta. El Tribunal Supremo estatuye sobre la validez de las elecciones impugnadas"[105].

Sin duda, dentro de este grupo de legislaciones que han adoptado un sistema mixto, la que más importancia actual tiene por estar hoy en vigencia y por pertenecer a una nación a la que le bastaron unos cuantos años para salir del aniquilamiento casi total, es la de la República Federal de Alemania, cuya Ley Fundamental establece en su numeral 41: "1.- El examen de la elección compete al Parlamento. De su decisión depende también si uno de sus miembros pierde su calidad de tal. 2.- Se admite el recurso de queja ante la Corte Constitucional Federal contra la decisión del Parlamento. 3.- La reglamentación se hará por Ley Federal"[106].

Tal disposición se ve complementada por el artículo 93 de la misma Ley Fundamental que señala en sus incisos (1) 5 y (2), que la Corte Constitucional Federal conoce "en los demás casos previstos en la presente Ley Fundamental" y "asimismo en los demás casos que le fueren conferidos por la ley federal".

La ley federal a que se refiere el inciso (3) del artículo 41 aludido, fue emitida el 12 de marzo de 1951, bajo el título de Ley del Escrutinio de la Elección[107]. En 21 artículos reglamenta pormenorizadamente todo lo relativo a la interposición y tramitación del recurso. Conoce de éste en primer término, un tribunal examinador integrado por siete miembros ordinarios y siete sustitutos,

---

104 Ibidem. Págs. 349 y 350.

105 Ibidem. Pág. 434.

106 Ley Fundamental de la República Federal de Alemania. Departamento de Prensa e Información del Gobierno Federal. Alemán. 1971. Pág. 23.

107 Wahlprüfungsgesetz. Vom. 12 Marz 1951. Puede consultarse en Verfassungs-und Verwaltungsgesetze der Bundesrepublick. C. H. Beck'sche. Ban I. Verlagsvuchandlung. München, 1970. Págs. de la 39 a la 43.

designados por el Parlamento para el período de la elección (artículo 3, inciso 2); pueden impugnar el resultado de la elección: el interesado, un grupo de interesados, el director de la elección en el Estado en que se haya verificado, el director federal de la elección y el Presidente del Parlamento, dentro del término de un mes (artículo 2); para que el Tribunal examinador sesione, se requiere un quorum de cuando menos la mitad de sus miembros y las cuestiones se resuelven por mayoría de votos (artículo 4); para cada caso, se nombra un ponente, previo examen que el tribunal hace de que el recurso se haya interpuesto en tiempo y forma (artículo 5, incisos 1 y 2); en el desempeño de su función, el tribunal está autorizado para obtener información, recibir bajo juramento los testimonios y peritajes que sean necesarios o convenientes (artículo 5, incisos 3 y 4); el tribunal resuelve si la objeción fue interpuesta en el plazo legal, si fue interpuesta en la forma que señala el artículo 2, inciso 3 y, por último, si está fundada (artículo 6). Establece la ley que comentamos una serie de normas de tipo procesal, tendientes a dar seguridad a las partes y autonomía al Tribunal Calificador. La resolución de éste es impugnable y es la Corte Constitucional Federal la que resuelve en definitiva.

Como se ve, la cuestión que nos ocupa, el problema de la calificación electoral, admite múltiples soluciones. De ninguna manera podemos aceptar que exista una sola posibilidad de solución, pues las legislaciones extranjeras demuestran lo contrario.

En la Cuba anterior al régimen de Fidel Castro, se emitió el 31 de mayo de 1943 un Código Electoral, cuyas disposiciones sobre la materia objeto de nuestro trabajo son sumamente interesantes. Establecía un sistema electoral que obligaba al Estado a proporcionar paralelamente el servicio administrativo electoral y el servicio judicial electoral. Lo anterior se ve claramente en la disposición del artículo 72 de ese Código: "la aplicación del Código Electoral y de la Ley del Censo corresponderá, sin perjuicio de la competencia de los Tribunales de Justicia cuando conozcan de asuntos electorales, a los Tribunales y Juntas Electorales, cuya naturaleza y funciones determina este Código".

"Las Juntas actuarán: *a)* como organismos administrativos en todo lo referente al censo, al derecho de inscripción, al funcionamiento de los Partidos Políticos y a la preparación de las elecciones; *b)* como organismos escrutadores para determinar el resultado de las elecciones; y *c)* como Tribunales de Justicia electoral para conocer y resolver las reclamaciones que se interpongan contra el resultado de las elecciones y las infracciones de la Legislación Electoral vigente"[108]. De acuerdo con el artículo 73, las Juntas Electorales estaban jerarquizadas, pues eran "de las clases y denominaciones siguientes: 1.- Un Tribunal Superior Electoral; 2.- Juntas Provinciales Electorales, una para cada Provincia: 3.- Juntas Municipales Electorales, una para cada Municipio"[109]. En sus artículos 75 y siguientes, el Código establecía la organización y funcionamiento del Tribunal Superior Electoral concediéndole, como asegura Sánchez Cifuentes, "todas las facultades necesarias para dar garantías al electorado de la pureza del sufragio y adoptar todas las medidas que juzgue necesarias a ese fin, inclusive anular o suspender actos, variar fechas cuando lo estime oportuno, con la única limitación de no alterar las fechas de partida"[110]. Lo mismo hacía el Código que comentamos respecto de las Juntas Provinciales Electorales y de los Tribunales Provinciales de lo Contencioso Electoral en sus artículos 86 y siguientes. El artículo 88 nos muestra cómo, al ser impugnada en vía contenciosa una resolución emitida en el plano administrativo electoral, la Junta Provincial Electoral correspondiente se transformaba en Tribunal de lo Contencioso Electoral: "Cuando las Juntas Provinciales Electorales hayan de transformarse en Tribunales de lo Contencioso Electoral, los Jueces de Primera Instancia y los Delegados Políticos no los integrarán, pero se agregarán al Magistrado que actúa de Presidente, otros dos Magistrados de la misma Audiencia. De igual modo se designará un suplente a cada uno. La sala de Gobierno

---

108 SANCHEZ CIFUENTES, Álvaro. Derecho Electoral. Editorial. El Arte. Manzanillo, Cuba, 1945. Pág. 128.

109 Ibidem.

110 Ibidem. Pág. 134.

de la Audiencia respectiva, formará a los Tribunales Provinciales de lo Contencioso Electoral en la oportunidad y forma señaladas en el artículo 134 de este Código y lo dará a la publicidad. Si por cualquier motivo, en esa o en cualquier otra oportunidad no hubiese suficientes Magistrados de Audiencia para completar dichos Tribunales, se designarán por sorteo los que deben sustituirlos según el escalafón judicial. El secretario de cada Junta Provincial será al mismo tiempo Secretario del Tribunal Provincial de lo Contencioso Electoral. Este Tribunal funcionará en el mismo local que la Junta Provincial con los empleados y créditos que cuenten en el presupuesto".

"La estructura de la jurisdicción electoral –comenta Sánchez Cifuentes– fue motivo de amplias discusiones optándose porque descansara en los funcionarios del orden judicial que con las garantías concedidas por la Constitución y la Ley Orgánica del Poder Judicial, así como las sanciones que esta última establece, actúan dentro de un plano de imparcialidad que garantiza el derecho del sufragio. Se rechazó por costosa y poco práctica la creación de un cuerpo de funcionarios electorales. En los Tribunales Electorales no se les dio cabida a los Delegados Políticos (representantes de los Partidos) por estar en una pugna su participación con la estructura de esos Tribunales"[111].

Muy parecida es la estructura que el Código daba a las Juntas Municipales Electorales, convertibles en Tribunales Municipales de lo Contencioso Electoral en sus artículos 93 y siguientes[112]. Con normas procesales claras, el propio Código regulaba extensamente todo lo relativo a lo contencioso electoral en sus artículos del 364 al 397, estableciendo el respeto a las formalidades esenciales de todo procedimiento judicial y rodeando la actividad de los tribunales de garantías de independencia. El primero de esos preceptos es sumamente ilustrativo para los efectos de nuestro estudio: "ART. 364.– Los Comités Ejecutivos de los Partidos Polí-

[111] Ibidem. Págs. 152 y 158.
[112] Ibidem. Págs. 155 y siguientes.

ticos que hayan figurado en la Boleta Oficial, y sólo en cuanto a la demarcación territorial a que se refieren sus funciones como tales, en lo que afecta al derecho de representación de Partido y a cargos que no sean de representación proporcional; los candidatos presuntamente electos según la relación a que se contraen los artículos 334 y 335; y por último, los candidatos no presuntamente electos, podrán establecer ante los Tribunales competentes, reclamaciones contencioso-electorales al objeto de que:

"*a)* Se determine el verdadero resultado de una elección... *b)* Se declaren nulas las elecciones celebradas en cualquier Colegio... *c)* Se revoque el acuerdo de nulidad de elecciones adoptado por una Junta Electoral... *d)* Se declare indebidamente electo a un candidato..."[113].

Otro principio de solución del problema es el que se apuntó en el Estatuto de los Partidos Políticos de 30 de mayo de 1945 que entró en vigor en la República Argentina el 1° de agosto de ese año. Establecía todo un sistema de Justicia Federal Electoral en dos instancias: la primera representada por los Juzgados Federales Electorales y la segunda, por la Corte Federal Electoral. Esta última, de acuerdo con el artículo 4, estaba "compuesta por tres jueces y un procurador general electoral, que deben ser argentinos nativos, abogados con título expedido por universidad nacional, con más de ocho años de ejercicio y treinta de edad, que no hayan estado afiliados a un partido político hasta dos años antes o que no hayan ocupado cargos partidarios hasta cuatro años antes de la fecha de su designación"[114] y, por disposición del artículo 12, la Corte era "la autoridad superior en materia electoral y conocerá: *b)* En grado de apelación, de las resoluciones definitivas o con fuerza de tales recaídas en las cuestiones iniciadas ante los jueces federales electorales; *c)* De los recursos que ante ella se

---

[113] Ibidem. Págs. 539 y 540.

[114] INFORMACIONES ARGENTINAS. Ministerio de Relaciones Exteriores y Culto. Dirección de Información al Exterior. No. 98. Buenos Aires, mayo de 1945. Pág. 20.

interpongan, de las resoluciones de las juntas escrutadoras, en los casos previstos por el presente Estatuto y la ley; *d)* De los recursos de revocatoria por contrario imperio..."[115]. De conformidad con el artículo 17, en cada capital de provincia y en la capital federal, había un Juzgado Federal Electoral que conocía, según disponía el artículo 21, "I) En primera y única instancia de los juicios sobre faltas electorales previstas en la ley 8.871 y disposiciones legales modificatorias; II) De todas las cuestiones relacionadas con: b) La organización, funcionamiento y fiscalización del Registro Electoral y de los Registros de Afiliados; c) La elección, escrutinio y proclamación de las autoridades partidarias y de los candidatos a cargos electivos; d) Los actos de la actividad política partidaria y los escrutinios de procedimientos a las elecciones generales..."[116]. Tanto los Juzgados Federales Electorales como la Corte Federal Electoral estaban dotados por el Estatuto de autonomía suficiente para dictar sus resoluciones conforme a derecho y sin sujeción a presiones.

También en Colombia, cuya Constitución se adhiere en su artículo 103 al sistema de lo contencioso político, según hemos señalado, la Ley 167 de 1941 dedicó uno de sus capítulos, el XX, a reglamentar detalladamente todo lo relativo a los juicios electorales, determinando en sus artículos 189, 190 y 191 que "El Consejo de Estado conoce privativamente y en una sola instancia de los juicios contra las elecciones de Presidente de la República, Senadores y Representantes a la Cámara. Igualmente conoce de los juicios que se susciten con motivo de las elecciones o nombramientos hechos por el Congreso, las Cámaras, la Corte Suprema de Justicia, el Gobierno o por cualquier autoridad, funcionario o corporación del orden nacional. La Corte Suprema de Justicia conoce en Sala Plena y en una sola instancia, de las demandas relativas a la elección de Designados a la Presidencia de la República, de Consejeros de Estado y de Magistrados de los Tribunales Administrativos.

---

115 Ibidem. Pág. 21.

116 Ibidem.

Los Tribunales Administrativos conocen en primera instancia y el Consejo de Estado en última, de los juicios referentes a las elecciones de Diputados a las Asambleas, de Consejos Municipales, así como de las elecciones y nombramientos hechos por las mismas entidades o por el Gobernador y demás autoridades, funcionarios o corporaciones del orden departamental, municipal o de una Intendencia o Comisaría"[117].

Por otro lado, el artículo I de la Ley 80 en 1922 estableció que "Los ciudadanos que reciben votos para Representantes al Congreso, Diputados a las Asambleas y Consejeros Municipales, en número que haga presumible la declaración de elección a su favor, no pueden actuar como miembros de las corporaciones escrutadoras en el acto del escrutinio, ni en los anteriores referentes al recibo y colocación en el arca triclave de los pliegos relativos a la elección, excepción hecha de los miembros de los Jurados Electorales y tratándose de la elección de Consejeros Municipales, en los Distritos cuya población no sea mayor de quince mil habitantes. En consecuencia, la declaratoria de elección de cualquiera de los cargos a que se refiere este artículo, no podrá ser hecha, en ningún caso, por los mismos candidatos elegidos, aunque tengan el carácter de miembros de la respectiva corporación escrutadora. Por lo tanto, es nulo el registro de escrutinio en que se contravenga lo dispuesto en este artículo, pero únicamente en lo que se refiere a los ciudadanos para cuya elección se haya violado esta disposición"[118]. Con ello, se evitó que los propios interesados en resultar electos intervinieran en la calificación de su elección, dato que nos interesa mucho destacar, pues veremos cómo en nuestro sistema de calificación electoral acontece lo que la vieja disposición colombiana citada trató de conjurar.

---

117 REPÚBLICA DE COLOMBIA, MINISTERIO DE GOBIERNO. Código de Elecciones. Compilación ordenada por el Ministro Dr. Darío Echandia, coordinada y dirigida por el Dr. Ramón Rosales. Imprenta Nacional. Bogotá, 1943. Págs. 47 y siguientes.

118 Ibidem. Pág. 46.

Más adelante veremos también cómo en los Estados Unidos, cuya Constitución hemos destacado como el paradigma de las que adoptan un sistema contencioso político, existe la prestación de un eficaz servicio judicial electoral[119]. Por ahora nos interesa dejar perfectamente sentado que en los Estados Unidos todas y cada una de las Constituciones locales de los Estados miembros, contienen la disposición, equivalente a la que se encuentra en la Sección 5 del Artículo I de la Constitución federal, de que cada Cámara de la Legislatura local será el juez (a veces "el único" juez o "el definitivo") de la elección de sus miembros. Esta norma, de acuerdo con McChisney, se estableció firmemente desde la época colonial, antes del fin del siglo XVII y aun cuando los tribunales se inclinan a interpretarla de una manera estricta, un número considerable de Estados, incluyendo a Wisconsin y Oregon, han adoptado el sistema inglés ya expuesto por nosotros. El tribunal de esos Estados certifica las constancias que le fueron presentadas y comunica su veredicto al secretario de gobierno, quien a su vez lo transmite al Presidente de la Cámara que corresponda y ésta permanece legalmente libre de aceptarlo o rechazarlo. En más de cuarenta Estados, la Legislatura juzga también sobre la validez de las elecciones de los depositarios del Poder Ejecutivo.

Ya hemos señalado a la Constitución de los Estados Unidos como ejemplo de las que establecen el sistema contencioso político. En efecto, la Sección 5 de su Artículo I confiere a cada Cámara la facultad de calificar las elecciones de sus miembros. En otra de sus disposiciones, la Constitución aludida previene además que los votos para Presidente y Vicepresidente serán computados en presencia de ambas Cámaras y que, cuando ninguno de los candidatos alcance mayoría sobre los otros, la Cámara de Representantes (Diputados) elegirá al Presidente y el Senado designará al Vicepresidente.

---

[119] Vide infra. Pág. 98.

Al juzgar sobre la validez de las elecciones de sus miembros, las Cámaras frecuentemente han tomado en cuenta consideraciones de tipo partidista. El mismo fenómeno que se presentó en Francia y en Inglaterra y que ya hemos visto motivó la evolución del sistema inglés de calificación electoral. Así, entre 1865 y 1903, el partido mayoritario decidió 82 de 91 impugnaciones de elecciones, que se presentaron en la Cámara de Representantes, en su propio favor. En el quincuagésimo primer Congreso, los Republicanos, al encontrar su mayoría poco suficiente, dieron el cargo a ocho de sus compañeros de partido, en lugar de reconocer el triunfo de otros tantos Demócratas que habían sido legalmente electos con toda regularidad. Ante esas circunstancias, el Speaker Reed observó que la "decisión de los casos electorales invariablemente hace crecer la mayoría del partido que predomina en la Cámara y que hasta ahora designa a la mayoría de los integrantes de la Comisión de Elecciones". En 1895, un dictamen de la propia Comisión declaró que las determinaciones en materia electoral eran tomadas no de acuerdo con la justicia, sino tomando en cuenta el mero escrutinio de los votos y que, durante los veinte años anteriores, cuarenta y cinco curules habían sido sustraídas de la minoría y substancialmente ninguna de la mayoría. Un candidato derrotado, contando con el apoyo de su partido, teniendo éste la mayoría en la Cámara, podía impugnar el resultado de la elección con base en los más inconsistentes argumentos. En años recientes, sin embargo, quizá como consecuencia de la preponderancia republicana en la Cámara, ese tipo de escandalosas denegaciones de injusticia no han ocurrido, pero desde 1924 un reglamento de la Cámara de Representantes ha exigido a las diferentes comisiones de elecciones que dictaminen sobe todos los casos controvertidos dentro de los seis meses siguientes a la primera sesión del Congreso.

La adopción del sistema inglés –la calificación de las elecciones impugnadas por los tribunales– ha sido propuesta varias veces. En 1895, con ocasión del dictamen ya mencionado, la Comisión de Elecciones produjo una maciza argumentación en favor del cambio de sistema; en 1923, se dictaminó un proyecto de ley que pretendía conferir jurisdicción al Tribunal de Circuito para Apelaciones. Una autoridad tan competente como Robert Luce respalda el proyecto sin reservas. "Ninguna razón de peso se opone a él", dice, "y debería prevalecer". Se justifica pues, ampliamente, esta conclusión a que llega McChisney: "Después de todo, la tradicional prerrogativa del parlamento, nacida en una época en que el rey ejercía presión sobre las elecciones y en que no se confiaba en los jueces, pues eran serviles del soberano, es ahora algo anacrónico" [120].

---

120 Las notas y citas referentes al sistema norteamericano de calificación electoral, están tomadas del bien documentado estudio de Edward MC-CHESNEY SAIT ya citado. Vide supra nota 96.

III. Sistema mexicano de calificación electoral

NIVELES ELECTORALES

Característica de suma importancia para nuestro régimen político que le asigna, entre otras, el artículo 40 de la Ley Fundamental, es la de ser federal.

En el régimen federal existen tres órdenes jurídicos co-extensos, que tienen aplicación en el mismo territorio y sobre idénticos habitantes: el orden de la Constitución, el orden central, llamado también con cierta impropiedad orden federal y el orden de cada uno de los Estados miembros de la federación, designado generalmente con el nombre de orden local. El primero de ellos señorea, está por encima de los otros dos, como que reparte las competencias entre ellos, es decir, lleva a cabo una distribución clasificada de facultades entre órganos de poder. Nuestra Ley Suprema, siguiendo de cerca el sistema norteamericano, establece en su artículo 124 que las facultades que no atribuye expresamente a los funcionarios federales, se entienden reservadas a los Estados. Ahora bien, la propia Constitución completa la distribución de las competencias federal y local en el artículo 73, al determinar en él cuáles son las materias sobre las que puede legislar el Congreso de la Unión. De acuerdo con el principio consagrado por el precepto citado en primer término, todas las materias no incluidas en las diversas fracciones del numeral 73 mencionado, deben entenderse reservadas a la autonomía legislativa de los Estados.

En materia electoral, estamos en presencia de lo que con acierto llamó y definió Herrera y Lasso "facultades de jurisdicción dual", las cuales no son otras que aquellas que órganos federales y locales "ejercitan sobre la misma materia", pero que "tienen siempre ámbito distinto de aplicación concreta"[121]. En efecto, la existencia de los dos órdenes de que venimos hablando exige que, dentro del ámbito de competencia de uno y otro, existan autoridades que ejerciten el poder político. Para la designación de esas autoridades, el legislador, ya el federal, ya el local, establece el sistema electoral que considere más conveniente a los principios democráticos que la Constitución consagra, los cuales son para él pauta y límite.

Por ello es que en nuestra organización política podemos distinguir entre el sistema electoral federal y el sistema electoral de cada una de las entidades federativas. Hay pues dos niveles electorales: el federal y el local y en el presente capítulo examinaremos los sistemas de calificación de elecciones que en uno y otro se utilizan, bien entendido que en el orden local distinguimos entre la calificación de los comicios encaminados a designar autoridades propiamente estatales y la calificación de las elecciones de gobiernos municipales, toda vez que éstas se rigen por leyes emanadas de las Legislaturas locales al carecer el municipio, no obstante que "ha gozado siempre de una relevante individualidad propia"[122], de esa característica de las entidades federativas que consiste en la posibilidad que éstas tienen de darse una Constitución y expedir la legislación que de ella deba derivarse, característica que técnicamente se designa como autonomía constitucional y que es, según se desprende de lo que hemos expuesto, uno de los elementos imprescindibles del régimen federal.

EL SISTEMA EN EL ORDEN FEDERAL

El órgano encargado por nuestra Constitución para llevar a cabo la calificación de las elecciones de los funcionarios y representantes populares en el nivel federal es el Congreso de la

---

121 Citado por TENA RAMÍREZ en su op. cit. Pág. 127.

122 TENA RAMÍREZ, Felipe. Op. cit. Pág. 147.

Unión, actuando siempre en forma separada las dos Cámaras que lo integran.

Así, la calificación de las elecciones del Presidente de la República y de las elecciones de Ayuntamientos en los Territorios Federales es facultad exclusiva de la Cámara de Diputados, de acuerdo con la recientemente reformada[123] fracción 1 del artículo 74 constitucional que a la letra dice:

"Son facultades exclusivas de la Cámara de Diputados:

I. Erigirse en Colegio Electoral para ejercer las atribuciones que la Ley le señala respecto a la elección de Presidente de la República. Dicha facultad se ejercerá también respecto de las elecciones de Ayuntamientos en los Territorios, pudiendo suspender y destituir, en su caso, a los miembros de dichos Ayuntamientos y designar sustitutos o juntas municipales, en los términos de las leyes respectivas".

Esta facultad, por lo que toca a la elección del Presidente de la República, es reglamentada por el artículo 126 de la Ley Electoral Federal en los términos siguientes: "La Cámara de Diputados, al recibir los expedientes que remitan los Comités Distritales Electorales, relativos a la elección de Presidente de la República, hará la calificación y el cómputo total de los votos emitidos en el país, ajustándose a las prescripciones constitucionales; resolverá sobre la validez o nulidad de la elección y, en su caso, declarará electo Presidente al ciudadano que haya obtenido mayoría de votos. Su resolución será definitiva e inatacable".

Nos interesa mucho señalar que esa calificación, cómputo y declaratoria debe llevarse a cabo, de acuerdo con lo que dispone el artículo 133 de la misma Ley, "dentro de los dos meses siguientes a la fecha en que se inicie el período ordinario de sesiones en las Cámaras Federales", esto es, cuando los integrantes de la Cámara

---

[123] Decreto de 29 de junio de 1971, publicado en el Diario Oficial el 6 de junio del mismo año.

de Diputados están en pleno ejercicio de sus facultades como representantes de la Nación.

No sucede lo mismo con la calificación de las elecciones de los miembros del Congreso de la Unión, encargada por el artículo 60 constitucional a cada una de las Cámaras que lo integran al disponer escuetamente que “cada Cámara calificará las elecciones de sus miembros y resolverá las dudas que hubiese sobre ellas”.

“Su resolución será definitiva e inatacable”.

Pretendiendo que este precepto sea su base, cuando en realidad no le sirve de fundamento, sino que lo desvirtúa, el Reglamento para el Gobierno Interior del Congreso General de los Estados Unidos Mexicanos establece la reglamentación de lo que sólo él llama Colegio Electoral.

Antes de examinar esa reglamentación, es preciso señalar que la Ley Electoral Federal preceptúa en su artículo 127 la forma en que la Cámara de Diputados calificará la elección de sus propios miembros, sujetando esa calificación a las siguientes disposiciones:

I. En primer término, (la Cámara) resolverá sobre las elecciones de los diputados que hubiesen obtenido mayoría de votos en su distrito;

II. En seguida, efectuará el cómputo total de votos emitidos en la República para conocer de la elección de diputados de partido;

III. Con base en el artículo 54 de la Constitución Política de la República, determinará el número de diputados de partido a que tenga derecho cada uno de los Partidos Políticos Nacionales y sin deducir los votos en los distritos en donde hubieren alcanzado mayoría;

IV. A continuación, formulará una lista de los candidatos de cada Partido que resultaren con derecho a ser diputados de partido, anotándose en riguroso orden, de acuerdo con el número decreciente de sufragios que hayan logrado en relación con los demás candidatos del mismo Partido, en todo el país, y procederá a hacer la declaración respectiva, y

V. Serán diputados de partido suplentes los que hayan figurado como suplentes de los respectivos candidatos propietarios que resulten electos.

Asimismo, el artículo 128 de la propia Ley, establece la facultad de la Cámara de Senadores para calificar la elección de sus miembros.

Más amplia y detallada es la reglamentación que el Reglamento antes mencionado hace entre sus artículos segundo y séptimo. De acuerdo con esa reglamentación, al término de las elecciones federales para la renovación del Poder Legislativo, que se realizan cada seis años en lo que se refiere a la Cámara de Senadores y cada tres años en lo que respecta a la de Diputados, antes de la fecha señalada por la Constitución General de la República para la instalación del Congreso, los presuntos diputados y senadores que hayan obtenido mayoría de votos, se reúnen en las respectivas Cámaras en Juntas Preparatorias, erigiéndose en Colegio Electoral, para proceder al examen, calificación y resolución definitiva de la elección de cada uno de sus miembros.

Es indispensable hacer la transcripción de los artículos anteriormente mencionados para darnos cuenta del funcionamiento del Colegio Electoral y de las modalidades que adquiere en una y otra Cámaras:

"Artículo 2º— Cada Cámara, antes de cerrar su último período constitucional de sesiones ordinarias nombrará, de entre sus miembros, una Comisión denominada Instaladora, que estará integrada por cinco representantes que fungirán: el *primero,* como Presidente; el *segundo* y *tercero* como Secretarios y los dos últimos como Suplentes primero y segundo, quienes sólo entrarán en funciones en caso de falta absoluta de cualesquiera de los tres propietarios. Las facultades de esta Comisión serán: firmar las tarjetas de admisión de los presuntos diputados (y senadores) a las Juntas Preparatorias y sesiones de Colegio Electoral, instalar la Junta Preparatoria o integrar la Mesa Directiva de la Previa, en su caso, sujetándose a los preceptos que establecen las leyes sobre la materia.

"Artículo 3º— En el año de la renovación del Poder Legislativo, sin necesidad de citación alguna, los presuntos diputados y senadores se reunirán en sus respectivas Cámaras, a las diez horas del día 15 de agosto. Si no concurrieren en número bastante para integra el quórum, los presentes se constituirán en Junta Previa y señalarán día y hora para la nueva Junta, convocando a los que no hubieren asistido, para que lo hagan. La citación se publicará en el "Diario Oficial" del Gobierno Federal.

"El quórum para las Juntas Preparatorias de la Cámara de Diputados, se formará con más de la mitad de los presuntos diputados de mayoría y, para las del Senado, con las dos terceras partes de los presuntos senadores.

"Artículo 4º— Cuando a dicha reunión o a cualquiera otra posterior, concurrieren más de la mitad del número total de los diputados que deben enviar todos los Distritos Electorales y las dos terceras partes del de senadores, se constituirá Junta Preparatoria, nombrando entonces una y otra Cámaras, de entre sus respectivos miembros, en escrutinio secreto y a mayoría de votos, un Presidente, un Vicepresidente y dos Secretarios.

"Artículo 5º— En la Primera Junta Preparatoria de la Cámara respectiva los presuntos diputados y senadores presentarán los documentos que los acrediten como tales. Para el estudio y calificación de los expedientes electorales, se procederá en los siguientes términos:

I. En la Cámara de Diputados se nombrarán por mayoría de votos tres Comisiones Dictaminadoras. La primera estará compuesta por quince miembros divididos en cinco secciones, la que dictaminará sobre la legitimidad de la elección del resto de los miembros de la Cámara electos por mayoría; la segunda, formada por tres miembros, dictaminará sobre la elección de los presuntos diputados de la Primera Comisión; y, la tercera, integrada también por tres miembros, dictaminará sobre la votación total en el país y la elección de los diputados de partido;

II. En la Cámara de Senadores, también por mayoría absoluta de votos, se nombrarán dos Comisiones Dictaminadoras. La primera se integrará con cinco presuntos senadores y la segunda con tres, que tendrán iguales funciones, respectivamente, que las dos primeras de la Cámara de Diputados, y

III. En ambas Cámaras después de nombradas las Comisiones, uno de los secretarios dará lectura al inventario de los expedientes electorales recibidos, los que de inmediato se entregarán a las Comisiones correspondientes en la siguiente forma:

En la de Diputados, los expedientes electorales se distribuirán entre las diversas secciones de la Primera Comisión, conforme los presuntos hayan entregado sus constancias de mayoría de votos, debidamente requisitadas, distribuyéndose de cinco en cinco, por riguroso orden, entre las secciones respectivas. A la segunda le serán entregados los expedientes relativos a los integrantes de la primera.

La intervención de la Tercera Comisión se iniciará tan pronto como vayan siendo calificados los dictámenes de las dos primeras y, una vez terminados todos los casos y conocido el resultado de la votación total del país, formulará los dictámenes correspondientes a los diputados de partido.

En la de Senadores, se entregarán a la Primera Comisión los expedientes conforme al orden en que fueron recibidos y a la Segunda le serán entregados los relativos a los integrantes de la Primera.

El Presidente de cada Comisión firmará por su recibo en el libro de control.

"Artículo 6°— Dentro de los tres días siguientes a la primera Junta Preparatoria se celebrará la segunda, en la que las dos primeras Comisiones Dictaminadoras de la Cámara de Diputados y las del Senado, iniciarán la presentación de sus dictámenes. Darán preferencia a los casos que a su juicio no ameriten discusión. Las Juntas subsecuentes serán diarias.

"Artículo 7º— En estas Juntas y en las demás que a juicio de la Cámara fueren necesarias se calificará, a pluralidad absoluta de votos, la legitimidad del nombramiento de cada uno de sus miembros y se resolverán irrevocablemente las dudas que ocurran sobre esta materia".

Aunque la Ley Fundamental hace mención en otros de sus preceptos del Colegio Electoral, lo hace refiriéndose a otras situaciones muy distintas a la relativa a la calificación de las elecciones de los miembros de las Cámaras del Congreso y de los demás funcionarios federales de elección popular. La fracción XXVI del artículo 73 constitucional faculta al Poder Legislativo "para constituirse en Colegio Electoral y designar al ciudadano que deba sustituir al Presidente de la República, ya sea con el carácter de substituto, interino o provisional, en los términos de los artículos 84 y 85 de esta Constitución". Hacemos mención de lo anterior para evitar equívocos a que puede inducir el texto mismo de nuestra Carta Magna y de los ordenamientos que la reglamentan. Nos referiremos pues en adelante al Colegio Electoral entendido como órgano de calificación de elecciones, integrado con presuntos diputados o senadores, no como institución que subsana en un momento dado la falta del titular del Poder Ejecutivo, pues esto último queda fuera del objeto de nuestro trabajo, ni al colegio que, según indicamos antes, califica las elecciones del Ejecutivo y de los Ayuntamientos de los Territorios Federales, ya que tales calificaciones las llevan a cabo representantes populares en el pleno ejercicio de sus funciones como tales.

Hecha la aclaración precedente, podemos decir que tal es la reglamentación que nuestro derecho positivo da a la institución del Colegio Electoral en el plano federal. De la lectura de los preceptos relativos a ella surgen inmediatamente varias dudas: ¿está bien interpretado en esa regulación el alcance del artículo 60 constitucional? ¿Establece un sistema adecuado para la calificación objetiva e imparcial del voto popular? ¿El carácter de presuntos da a los diputados y senadores electos la facultad de calificar los comicios en que ellos fueron partes contendientes? ¿Quiénes forman parte del Congreso de la Unión cuando tienen lugar las Juntas Preparatorias —15 de agosto del año de renovación del Poder Legislativo a las diez horas— para la integración de una nueva Legislatura, los presuntos diputados y senadores o los diputados y senadores en ejercicio que, según se desprende del artículo 12 del Reglamento que comentamos cesan en sus funciones hasta el día último de agosto del propio año? Estas interrogantes encontrarán contestación en el siguiente capítulo de nuestro estudio cuando, a la luz de las opiniones de los estudios del Derecho Constitucional y de políticos militantes o teóricos, podamos emitir nuestro propio punto de vista. No debe extrañar que tales interrogantes se refieran solamente al sistema de calificación de las elecciones de los miembros del Congreso de la Unión, pues en última instancia es esa calificación la más importante, toda vez que, como hemos visto, las personas que resultan declarados diputados después de esa calificación, a su vez califican las elecciones de los demás funcionarios federales de elección popular, por lo que este último acto de calificación viene a ser subsidiario del primero.

Sólo resta añadir que el último estadio por el que atraviesan los expedientes electorales antes de llegar al Colegio Electoral, varía según se trate de la Cámara de Diputados o de la de Senadores. A aquélla, dichos expedientes llegan procedentes de la Comisión Federal Electoral si se trata de la elección de diputados (artículo 114 de la Ley Electoral Federal) y de los Comités Distritales Electorales si son relativos a la elección del Presidente de la República (artículo 126 de la misma Ley); a ésta, llegan de las Legislaturas Locales, las cuales, de acuerdo con lo dispuesto por la última parte del artículo 56 de nuestra Carta Magna, son los organismos competentes para declarar electos a los senadores en sus respectivos Estados, facultad que ha sido interpretada como aplicable tan sólo al cómputo de los votos emitidos por la ciudadanía en la elección de senadores, sin que vincule de ninguna manera al

Colegio Electoral de la Cámara Alta y sin que sea, por tanto, una facultad de calificación.[124]

ANTECEDENTES HISTÓRICOS

En nuestro capítulo anterior hablamos de la Sección 5 del Artículo 1 de la Constitución de los Estados Unidos de América y de cómo esa disposición había servido de antecedente para la adopción en otros países de sistemas de calificación electoral similares, encuadrados todos ellos dentro de lo que se conoce como sistema de lo contencioso político, para utilizar la terminología empleada por Maurice Duverger.

A no dudarlo, la misma disposición de la Constitución norteamericana es el antecedente legislativo más remoto de nuestro artículo 60 Constitucional, el cual encuentra sus antecedentes menos remotos en preceptos correspondientes de las constituciones federales que estuvieron vigentes en nuestro país con anterioridad, de acuerdo con el siguiente desarrollo que nos muestra una apretada síntesis del desenvolvimiento histórico de la referida norma de nuestra Ley Fundamental.

Fruto de la adaptación del sistema federal norteamericano en nuestro país, la Constitución Federal de los Estados Unidos Mexicanos, sancionada por el Congreso General Constituyente el 4 de octubre de 1824, estableció la facultad del Congreso para calificar la elección de sus miembros en los siguientes términos:

"Artículo 35.— Cada Cámara calificará las elecciones de sus respectivos miembros, y resolverá las dudas que ocurran sobre ellas".

Más tarde, en el artículo 61 del Proyecto de Constitución Política de la República Mexicana, fechado en la ciudad de México el 16 de junio de 1856, se encuentra consignada la misma facultad:

---

124 Cfr. TENA RAMÍREZ, Felipe. Op. cit. Pág. 283

"El Congreso califica las elecciones de sus miembros y resuelve las dudas que ocurran sobre ellas", artículo que a la postre resultó ser el 60 de la Constitución Política de la República Mexicana, sancionada por el Congreso General Constituyente el 5 de febrero de 1857. Al volverse al bicamarismo en el Congreso Federal, pues, como es sabido, la Ley Fundamental de 57 suprimió la existencia del Senado, el mencionado artículo 60 sufrió una reforma el 13 de noviembre de 1874, para quedar redactado como sigue: "Cada Cámara califica las elecciones de sus miembros y resuelve las dudas que hubiere sobre ellas".

Finalmente, el artículo 60 del Proyecto de Constitución de Venustiano Carranza, fechado en Querétaro el 1° de diciembre de 1916, volvió a establecer la facultad de que venimos hablando: "Cada Cámara calificará las elecciones de sus miembros y resolverá las dudas que hubiere sobre ellas. Su resolución será definitiva e inatacable". Este precepto, cuya única innovación fue añadir al de la Constitución de 57 el segundo párrafo, fue aprobado, sin discusión y por unanimidad de 157 votos, por el Congreso Constituyente de 16-17, el 3 de enero de 1917[125].

Pero si bien hay una continuidad inobjetable en los antecedentes del artículo 60 de la Constitución, su reglamentación actual, contenida como hemos dicho en el Reglamento para el Gobierno Interior del Congreso, tiene una procedencia completamente distinta, por lo que con justicia podemos afirmar que la institución del Colegio Electoral, actualmente y en nuestro medio, es una institución híbrida, tanto porque la disposición constitucional y su reglamentación tienen orígenes distintos, como porque dicha reglamentación, inicialmente concebida para ser aplicada a un sistema de elección indirecta, se aplica a la elección de nuestros

---

125 Los textos citados pueden consultarse en TENA RAMÍREZ, Felipe. Leyes Fundamentales de México. 1808-1964. Segunda Edición Editorial Porrúa. México, 1964. Págs. 172, 615, 699 y 777 o en XLVI Legislatura de la Cámara de Diputados. Op. Cit. Tomo VI. Págs. 334, 336, 337 y 338.

legisladores federales que nadie ignora es directa por disposición expresa de la Carta Fundamental en sus numerales 54 y 56.

En efecto, es en la Constitución Política de la Monarquía Española, sancionada en Cádiz el 18 de marzo de 1812, donde encontramos el antecedente más remoto de la reglamentación aludida. Veamos la sintética exposición que sobre el particular hace el maestro Preciado Hernández: "En la Constitución Política de la monarquía española de 19 de marzo de 1812, se estableció la representación política a base de la población, compuesta de los naturales que por ambas líneas fueran originarios de los dominios españoles, los que tenían derecho a elegir un diputado de Cortes por cada setenta mil almas (arts. 27 a 29 y 31). La elección era indirecta, ya que debía hacerse celebrando juntas electorales de parroquia, de partido y de provincia (art. 34); las juntas electorales de parroquia se componían de los ciudadanos avecindados y residentes en el territorio de la misma, los que nombraban por cada doscientos vecinos un elector parroquial y esto también en forma indirecta, designando previamente once, veinte o treinta y un compromisarios, según que la junta de parroquia debiera elegir uno, dos o tres electores parroquiales, respectivamente (arts. 35, 38, 41 y 42); estas juntas eran presididas por el jefe político o el alcalde de la ciudad, villa o aldea, cualquier queja por cohecho o soborno para que la elección recayera en determinada persona, así como las dudas sobre si alguno de los presentes no tenía las calidades requeridas para poder votar, eran decididas en el acto por la propia junta y contra tal decisión no procedía recurso alguno (arts. 46, 49 y 50).

"Las juntas electorales de partido se componían de los electores parroquiales, eran presididas por el jefe político o el alcalde primero del pueblo cabeza de partido, en donde se celebraban, y en ellas se designaban un número de electores de partido triple al de los diputados que deberían elegirse (arts. 59, 63 y 67); en este caso la elección se hacía por escrutinio secreto, mediante cédulas, la junta tenía facultad para resolver, sin que procediera recurso alguno contra su decisión, cualquier objeción que se presentara (art. 70 y 73). Finalmente, eran las juntas electorales de provincia, compuestas de los electores de todos los partidos de ellas, las que, presididas por el jefe político de la capital de la provincia, elegían a los diputados correspondientes (arts. 78, 81 y 88); en este caso los electores debían acercarse a la mesa del Presidente y dar al secretario el nombre de la persona que cada uno elegía.

"La calificación de las elecciones la hacían los mismos diputados designados en la forma indirecta antes indicada, pues (en) la primera junta preparatoria se nombraban dos comisiones, una de cinco individuos y otra de tres; la primera para examinar los poderes de todos los demás diputados, y la de tres, que examinaba los de los cinco miembros de la primera comisión; en la segunda junta preparatoria las dos comisiones informaban sobre la legitimidad de los poderes, habiendo tenido presentes las copias de las actas de las elecciones provinciales, y en ésta última y en las demás juntas necesarias, se resolvían definitivamente, y a pluralidad de votos, las deudas que se suscitaran sobre la legitimidad de los poderes y calidades de los diputados (arts. 111 a 115)".[126]

El mismo ameritado maestro llama la atención acerca de que en el Decreto Constitucional promulgado en Apatzingán el 22 de octubre de 1814 por el gran José María Morelos, José María Liceaga y el doctor José María Cos, "al cambiar el sistema de calificación de las elecciones, pues si bien dispone en su artículo 102 que al Supremo Congreso pertenece exclusivamente, reconocer y calificar los documentos que presenten los diputados elegidos por las provincias, como la elección de los miembros del Congreso no era simultánea, sino que se llevaba en el Congreso un libro en el cual se asentaba el día, mes y año en que comenzaba a contarse el bienio de cada diputado (arts. 56 y 62), en realidad la calificación de los documentos de quienes se ostentaban como diputados

126 PRECIADO HERNÁNDEZ, Rafael. La Representación Política en el Siglo XIX. Revista La Nación No. 463. Págs. 11 y 12. Los artículos citados por Preciado Hernández se encuentran en TENA RAMÍREZ, Felipe. Op. Cit. Págs. De la 60 a la 73.

elegidos por las provincias, no la hacía la reunión de presuntos diputados, sino el conjunto de diputados en funciones a quienes todavía no se vencía su bienio"[127].

Las Constituciones Federales de 1824 y 1857 y sus respectivas reglamentaciones sobre el particular, insistieron en el sistema de la Constitución de Cádiz que había soslayado el Decreto Constitucional de Apatzingán, el cual, a diferencia de aquéllas, nunca tuvo vigencia real. Sin embargo, bajo las Constituciones Federales aludidas la hibridez del sistema de calificación aún no era doble, pues ambas establecieron que la elección sería indirecta.

Una valiosa obra citada por un diputado michoacano al Congreso de la Unión en la época de Porfirio Díaz, el Lic. Juan de la Torre, nos da a conocer la Constitución de 57 y las adiciones y reformas que sufrió hasta 1886, así como las leyes orgánicas y reglamentarias que con base en ella se expidieron. La Ley Orgánica Electoral de 12 de febrero de 1857 es bastante lacónica en cuanto a calificación electoral. En su Capítulo IV regula las elecciones de los diputados al Congreso de la Unión, por entonces unicameral, elecciones que se llevaban a cabo en forma indirecta, de lo cual se ocupa con detalle la Ley que comentamos, sin que establezca el procedimiento que debería seguirse ante el Congreso para calificar las elecciones de sus propios miembros[128].

El artículo 51 del mismo ordenamiento disponía que "el Congreso de la Unión se erigirá en Colegio Electoral todas las veces que hubiere elección de Presidente de la República, o de individuos de la Suprema Corte de Justicia; procederá a hacer el escrutinio de los votos emitidos, y si ningún candidato hubiere reunido la mayoría absoluta, el Congreso, votando por diputaciones,

---

127 PRECIADO HERNÁNDEZ, Rafael. Loc. Cit. Pág. 12. Los mencionados preceptos de la Constitución de Apatzingán pueden verse en las págs. 37, 38 y 42 de la citada obra del maestro TENA RAMÍREZ.

128 DE LA TORRE, Juan. Guía para el estudio del Derecho Constitucional Mexicano. Tipología de J. V. Villada. México, 1886. Págs. De la 273 a la 276.

elegirá por escrutinio secreto, mediante cédulas, de entre los dos candidatos que hubieren obtenido la mayoría relativa...", disposición ésta inspirada sin duda en la que se contiene en la Sección I del artículo 11 de la Constitución norteamericana y que regula la elección del Presidente y Vicepresidente de los Estados Unidos de América[129].

Reinstaurando el Senado en 1874, Sebastián Lerdo de Tejada promulgó el 15 de diciembre de ese año la Ley Sobre Elección de Senadores que en sus artículos del 1° al 8° regula la intervención que en la misma elección tenían las juntas electorales y las Legislaturas de los Estados, todo ello dentro de la forma de elección indirecta. El artículo 8° ordena en su última parte a las Legislaturas que envíen los expedientes al Senado para que éste, de acuerdo con el sistema de la Constitución de Cádiz, "pueda cumplir con la facultad constitucional de calificar las elecciones de sus miembros"[130].

Las cuatro leyes electorales federales expedidas en lo que va del siglo actual —la primera promulgada por Madero el 19 de diciembre de 1911; la segunda por Carranza el 1° de julio de 1918; la tercera, por Ávila Camacho el 31 de diciembre de 1945 y la cuarta, por Alemán el 3 de diciembre de 1951— la última de las cuales está aún vigente y ha sufrido importantes reformas en 1953, 1963, 1969 y 1970–, remiten al Reglamento para el Gobierno Interior del Congreso en lo referente a la integración del órgano calificador, sistema que encontramos en la Constitución de Cádiz, con la circunstancia, en la cual insistimos de nuevo, de que los tres últimos ordenamientos electorales han sido expedidos para regular elecciones directas.

Con objeto de disipar toda duda acerca de que nuestro Colegio Electoral no proviene del estadounidense, diremos que en Norteamérica se conoce como tal a la reunión de los electores

---

129 Ibidem. Pág. 279. STEELE COMMAGER, Henry, Op. Cit. Págs. 12 y 13.
130 DE LA TORRE, Juan, Op. Cit. Págs. De la 288 a la 290.

designados por los ciudadanos para elegir, de entre los candidatos contendientes, al Presidente y al Vicepresidente de los Estados Unidos de América. A ninguna reunión del Congreso o de alguna de sus Cámaras, en ejercicio de facultades electorales, bien para calificar las elecciones de sus miembros, lo que llevan a cabo conforme a una reglamentación del todo distinta a la vigente en México, no obstante que la base constitucional es esencialmente la misma, y que ha sido duramente atacada, según hemos visto al final de nuestro capítulo anterior, bien para designar Presidente y Vicepresidente en el caso de que ninguno de los candidatos haya obtenido mayoría absoluta de votos, se le ha designado como Colegio Electoral por la Constitución, la doctrina constitucional o la tradición norteamericanas[131].

---

131 "El pueblo norteamericano, por supuesto, no elige directamente a su Presidente. Los votos que él emite en noviembre son para designar electores y la planilla triunfante de electores de cada Estado se reúne en diciembre para emitir los votos oficiales que deciden quién ha de ocupar la Casa Blanca durante los cuatro años siguientes. (Puede añadirse, además, que el Colegio Electoral en su integridad nunca se reúne como un solo cuerpo. Los electores de cada Estado se reúnen en sus respectivas capitales de Estado y los resultados de sus votaciones son formalmente transmitidos a Washington. De acuerdo con los ordenamientos de la vigésima tercera reforma constitucional habrá asimismo tres electores por el Distrito de Columbia).

"Cada Estado tiene tantos electores como su número combinado de Senadores y Representantes (Diputados Federales). Esta disposición beneficia a los Estados de población más reducida y por tanto con menos Representantes porque tienen asegurados como mínimo tres electores. Así, Alaska, que de acuerdo con su población tendría sólo un elector, tiene dos electores adicionales para igualar el mismo número de Senadores. Para California, por otra parte, que tiene derecho a treinta y ocho electores de acuerdo con la población, los dos electores adicionales por razón de sus Senadores representan una ganancia proporcionalmente mucho menor...

"El Congreso y cada una de sus Cámaras tienen funciones electorales. Una formalidad, pero de simbólica importancia, es el requisito de que la responsabilidad de contar los votos electorales para los dos puestos (de Presidente y Vicepresidente) recae en el Presidente del Senado

EL SISTEMA EN LAS CONSTITUCIONES Y LEGISLACIONES DE LOS ESTADOS.

Expuesto ya el sistema de calificación electoral que se utiliza en el orden federal y una vez tratados sus antecedentes históricos, los cuales nos permiten concluir sin temor a equivocarnos que se trata de un sistema híbrido, veamos ahora cuáles son los sistemas que se usan en el nivel local para el efecto indicado. Ello implica que hagamos el examen de las disposiciones correspondientes en todas y cada una de las Constituciones y de las Leyes Electorales de los Estados que integran la federación, tratando de sistematizarlas.

Adelantemos antes que nada que todas y cada una de las Constituciones locales encargan a las Legislaturas la calificación de las elecciones de los titulares del Poder Ejecutivo, lo que desplaza nuestra atención, al igual que en el plano federal, hacia el examen de los sistemas establecidos en los Estados para la calificación de las elecciones de los miembros del Congreso.

En efecto, los artículos en seguida enumerados, correspondientes al 74, fracción I de la Constitución Federal en su primera

---

en la presencia del Senado y de la Cámara de Representantes. Algo más sustanciales son los poderes de la Cámara para elegir al Presidente y del Senado para escoger al Vicepresidente, en caso de que ningún candidato reciba la mayoría de los votos electorales. La elección de un Presidente no ha recaído en la Cámara desde 1824. Pero la posición relevante conferida a la Legislatura por esta disposición, especialmente a la Cámara, es uno de los factores sutiles que contribuyen a su autoestima colectiva. "REDFORD, Emmette S.; TRUMAN, David B.; HACKER, Andrew; WESTIN, Alan F.; WOOD, Robert C. Politics and Governmet in the United States. Hancourt, Brace and World, Inc. New York, 1965. Págs. 283, 357 y 358. Un estudio completo acerca del Colegio Electoral estadounidense y de las críticas que a él se hacen en el vecino país del norte, puede consultarse en VIVAS, Jorge B. Sufragio, Representación Popular y Sistema Electoral Estadounidense. Imprenta del Congreso de la Nación. Buenos Aires, 1957. Págs. de la 88 a la 91.

parte, atribuyen a los Congresos locales idéntica facultad que éste a la Cámara de Diputados del Congreso de la Unión:

Artículo 27, XII de la Constitución de Aguascalientes; Artículo 27, VII de la Constitución de Baja California; Artículo 43, XIV de la Constitución de Campeche; Artículo 67, XV de la Constitución de Coahuila; Artículo 33, VII de la Constitución de Colima; Artículo 33, XII de la Constitución de Chiapas; Artículo 64, XV A de la Constitución de Chihuahua; Artículo 72, de la Constitución de Durango; Artículo 48, VI de la Constitución de Guanajuato; Artículo 50, XX de la Constitución de Guerrero; Artículo 44, VII de la Constitución de Hidalgo; Artículo 23, VII de la Constitución de Jalisco; Artículo 70, X de la Constitución del Estado de México; Artículo 44, XVIII de la Constitución de Michoacán; Artículo 40, XXXIV de la Constitución de Morelos; Artículo 47, Fracción VIII de la Constitución de Nayarit; Artículo 63, XV de la Constitución de Nuevo León; Artículo 59, XVI de la Constitución de Oaxaca; Artículo 49, IV de la Constitución de Puebla; Artículo 63, III de la Constitución de Querétaro; Artículo 34, III de la Constitución de San Luis Potosí; Artículo 43, XII de la Constitución de Sinaloa; Artículo 64, XV de la Constitución de Sonora; Artículo 68, IV de la Constitución de Tabasco; Artículo 58, XXX de la Constitución de Tamaulipas; Artículo 43, XXI de la Constitución de Tlaxcala; Artículo 68, IV de la Constitución de Veracruz; Artículo 30, XXXI de la Constitución de Yucatán; Artículo 44, I de la Constitución de Zacatecas[132].

El artículo 60 de la Constitución Federal tiene también preceptos correspondientes en las Constituciones de los Estados de la República, los cuales podemos clasificar en tres grupos: en el primero, están aquéllos que se limitan a reproducir, en términos equivalentes, el texto del 60 constitucional; en el segundo, se encuentran los que se han inspirado en la regulación del Colegio

---

132 Puede consultarse el texto de los preceptos enumerados en DEL TORO CALERO, Luis. Sistemática Electoral Mexicana. Prólogo de Octavio A. Hernández. Editorial Porrúa. México, 1970. Págs. de la 33 a la 541.

Electoral que hemos visto hace el Reglamento para el Gobierno Interior del Congreso General y la reproducen, a lo menos parcialmente; en el tercer grupo están los artículos relativos de dos Constituciones locales que merecen, a nuestro entender, comentario especial.

Primer grupo:

Artículo 20 de la Constitución de Baja California; Artículo 25 de la Constitución de Campeche; Artículo 33, VI de la Constitución de Colima; Artículo 16 de la Constitución de Chiapas; Artículo 48, VI de la Constitución de Guanajuato; Artículo 35 de la Constitución de Guerrero; Artículo 25 de la Constitución de Michoacán; Artículo 30 de la Constitución de Morelos; Artículo 47, XXXV de la Constitución de Nayarit; Artículo 63, XV de la Constitución de Nuevo León; Artículo 40 de la Constitución de Querétaro; Artículo 27 de la Constitución de San Luis Potosí; Artículo 26 de la Constitución de Sinaloa; Artículo 64, XV de la Constitución de Sonora; Artículo 50 de la Constitución de Veracruz; Artículo 25 de la Constitución de Yucatán; Artículo 32 de la Constitución de Zacatecas.

Segundo grupo:

Artículo 45 y 46 de la Constitución de Chihuahua; Artículo 45 de la Constitución del Estado de México; Artículo 16 de la Constitución de Aguascalientes; Artículo 44 de la Constitución de Coahuila; Artículo 24 de la Constitución de Hidalgo; Artículo 8º de la Constitución de Jalisco; Artículos 39, 40, 41 de la Constitución de Oaxaca; Artículo 42 de la Constitución de Tabasco; Artículo 41 de la Constitución de Tamaulipas; Artículo 28 de la Constitución de Tlaxcala[133]

---

133 El texto de cada uno de los artículos mencionados en estos dos primeros grupos, puede consultarse en las páginas de la 338 a la 341 del Tomo VI de la obra Derechos del Pueblo Mexicano, editada, como ya habíamos señalado, por la XLVI Legislatura de la Cámara de Diputados o en DEL TORO CALERO, Luis. Op. Cit. Págs. 32 a 540.

Tercer grupo:

Comentario especial merecen los artículos 62 de la Constitución del Estado de Durango y 31 de la del de Puebla, correspondientes los dos al 60 de la Constitución Federal.

El primero de ellos establece claramente que el ejercicio de la facultad de calificar las elecciones corresponde a la Legislatura saliente. Dice así, en su parte conducente: "efectuadas las elecciones de los Poderes Ejecutivo y Legislativo en el Estado, en cada período constitucional la diputación Permanente convocará con la necesaria oportunidad a la Legislatura a sesiones extraordinarias, con el exclusivo objeto de que, constituyéndose en Colegio Electoral, haga la computación de votos y la declaración del personal de los nuevos Poderes". De modo que en el Estado de Durango es el Congreso en funciones al momento de efectuarse las elecciones el que las califica.

El artículo 31 de la Constitución de Puebla, raya en el absurdo al establecer que "la Junta preparatoria del Congreso o éste mismo, calificarán las elecciones de los Diputados y sus resoluciones serán definitivas e irrevocables", pues admite, en primer lugar, que la llamada "Junta preparatoria del Congreso" no es el Congreso mismo, para después establecer la facultad de calificar las elecciones indistintamente a favor de una u otro. ¿Cuándo actúa la Junta y cuándo el Congreso en el desempeño de esa atribución? El artículo 36 de la misma Constitución parece aclarar la cuestión al disponer que "Diez días antes del fijado para la apertura del Congreso, los diputados deben reunirse y los que se hallen presentes, formarán desde luego la Junta Preparatoria, la cual tendrá todas las reuniones que fueren necesarias para calificar las credenciales de los diputados, excitar a los ausentes para que concurran y nombrar Presidente, Vicepresidente y Secretarios del Congreso. Una vez calificadas dichas credenciales, en número suficiente, se procederá por el Presidente a hacer la declaración solemne de que queda instalada la Legislatura. Las credenciales que no fueren calificadas por la Junta Preparatoria, lo serán por el Congreso". De cualquier modo, es inconcebible que en una ley fundamental se incluyan artículos tan ambiguos como el 31 comentado antes.

Las disposiciones enumeradas dentro del Primer Grupo se ven reglamentadas en las leyes electorales de los Estados correspondientes de acuerdo con la siguiente relación:

Artículo 121, 122, 132, 133 y 134 de la Ley Electoral de Baja California; Artículos 107 y 121 de la Ley Electoral de Campeche; Artículo 133 de la Ley Electoral de Colima; Artículo 132 de la Ley Electoral de Chiapas; Artículo 110, 128 a 130 de la Ley Electoral de Guanajuato; Artículo 109 a 113 de la Ley Electoral de Guerrero; Artículo 105 de la Ley Electoral de Michoacán; Artículo 113 de la Ley Electoral de Morelos; Artículo 112 de la Ley Electoral de Nayarit; Artículos 81 y 82 de la Ley Electoral de Nuevo León; Artículo 118 de la Ley Electoral de Querétaro; Artículo 83 de la Ley Electoral de Sinaloa; Artículos 108 a 117 de la Ley Electoral de Sonora; Artículos 93 a 97 de la Ley Electoral de Veracruz; Artículo 94 de la Ley Electoral de Yucatán; Artículo 93 de la Ley Electoral de Zacatecas[134].

Dos son las únicas leyes electorales, de las antes citadas, que se apartan de la Ley Electoral Federal. Las demás reproducen más o menos fielmente, pero con el mismo sentido, las disposiciones de ésta. Sin duda ese servilismo legislativo de los Estados hacia la Federación ha llevado al autor que venimos citando, Del Toro Calero, a proponer en su encomiable obra la "elaboración de proyectos de ley electoral tipo que, respetando ciertas particularidades propias de cada Entidad, marque reglas generales que uniformen nuestros procesos electorales y, en esa medida, se perfeccionen e intensifiquen las prácticas y los procedimientos de elección" y

---

[134] El texto de los preceptos antes enumerados puede consultarse en DEL TORO CALERO, Luis. Op. Cit. Págs. de la 60 a la 552. Por comodidad hemos designado a todos los ordenamientos citados como Leyes Electorales. Hacemos la aclaración de que sus nombres oficiales varían. En algunas entidades se les llama Ley para la renovación de Poderes, Código Electoral, etc., etc.

asegura que, por su parte, ha iniciado ya la redacción de un "Proyecto de Ley Electoral Tipo"[135]. Pensamos que proponer en una federación la creación de leyes tipo, sean electorales o de cualquiera otra índole, es ignorar que existe un elemento esencial del sistema federal que es, según hemos dicho, la autonomía constitucional, o si no ignorar, sí al menos profesar poco aprecio hacia el referido elemento.

Las dos leyes aludidas como excepcionales son la de Nuevo León y la de Sonora. Aquélla encomienda la calificación de las elecciones de diputados al Congreso Local a la Comisión Permanente de la Legislatura saliente y ésta, ajustada al texto de la Constitución de Sonora, atribuye esa función al Congreso del Estado en funciones al momento de llevarse a cabo las elecciones, esto es a la Legislatura saliente.

Por último, la Ley Electoral de San Luis Potosí no reglamenta el artículo 27 de la Constitución de ese Estado.

Los preceptos de las Leyes Fundamentales locales señaladas dentro del Segundo Grupo, están reglamentados en las Leyes Electorales correspondientes, las cuales se limitan a detallar el sistema que se ha elevado en esas Entidades al rango de norma constitucional. Es excepción a lo anterior la Ley Electoral de Coahuila que, al igual que la de San Luis Potosí, es omisa en cuanto a la calificación de las elecciones de los miembros del Congreso Local.

La Ley Electoral de Durango, con estricto apego a la clara disposición del artículo 62 de la Constitución de ese Estado, establece en su artículo 92 que "La elección para miembros de la Legislatura, la calificará la Cámara de Diputados constituida en Colegio Electoral, ajustándose a los preceptos constitucionales, resolviendo sobre la validez o nulidad de la elección y, en su caso declarará electos Diputados, a los ciudadanos que hayan obtenido mayoría de votos. Su resolución será definitiva e inatacable" y en el numeral 98, que "La Comisión permanente del Congreso del

---

135 Ibiden. Págs. XV y XVI.

Estado durante la primera quincena del mes de julio del año de la elección, convocará a la Legislatura del Estado a sesiones extraordinarias que se iniciarán en la segunda quincena del mismo mes de julio, a fin de constituirse en Colegio Electoral y resolver sobre la calificación, cómputo y declaratoria de las elecciones que hubiere habido. Hará la declaratoria de Diputados...".

Finalmente, la Ley Electoral de Puebla, en sus artículos 108 a 113 encarga la calificación de la elección de sus miembros a "la Cámara de Diputados constituida en Junta Preparatoria", con lo que cae en la misma ambigüedad que ya criticamos al artículo 31 de la Constitución de esa Entidad.

Tocante a la calificación de las elecciones de Ayuntamientos, hemos encontrado en las Leyes Electorales locales cierta diversidad de sistemas que pueden clasificarse de la siguiente manera:

En un primer grupo están las disposiciones que encargan la calificación de las elecciones municipales a los Congresos locales en funciones. Son las siguientes:

Artículo 81 de la Ley Electoral de Aguascalientes; Artículo 133 de la Ley Electoral de Baja California; Artículos 122 de la Ley Electoral de Campeche; Artículo 96 de la Ley Electoral de Coahuila; Artículo 134 de la Ley Electoral de Colima; Artículo 133 de la Ley Electoral de Chiapas; Artículo 551 de la Ley Electoral de Chihuahua; Artículo 93 de la Ley Electoral de Durango; Artículo 115 de la Ley Electoral de Morelos; Artículo 83, VII de la Ley Electoral de San Luis Potosí; Artículo 89 de la Ley Electoral de Tamaulipas; Artículo 95 de la Ley Electoral de Yucatán.

Aunque la Ley Electoral de Veracruz no faculta a nadie para calificar las elecciones edilicias, la Constitución de ese Estado confiere esa facultad a la Legislatura en su artículo 68, fracción VI.

En un segundo grupo se encentran los preceptos que transportan al plano municipal la reglamentación que hemos visto establece el Reglamento para el Gobierno Interior del Congreso y en esa virtud encargan la calificación de las elecciones de Ayuntamientos ya no a los presuntos diputados y senadores, pero sí a los presuntos regidores. Son: Artículo 110 de la Ley Electoral de Guanajuato; Artículo 98 de la Ley Electoral de Guerrero; Artículo 106 de la Ley Electoral de Michoacán; Artículo 119 de la Ley Electoral de Oaxaca, Artículos 123, 124 y 125 de la Ley Electoral de Puebla; Artículo 119 de la Ley Electoral de Querétaro; Artículo 107, 108 y 109 de la Ley Electoral de Tlaxcala; Articulo 101 a 105 de la Ley Electoral de Zacatecas.

Es preciso comentar que la Ley Orgánica Municipal de Michoacán, ampliando la disposición del artículo 106 de la Ley Electoral de ese Estado, en su afán de adaptar al plano municipal el sistema federal de Colegio Electoral, que también se aplica en materia de elecciones de la Legislatura Local, según hemos visto, va más allá que éste, pues abandona el tratamiento de "presuntos" que se da a las personas que se reúnen a calificar la elección. Dice en su artículo 14: "el día 15 de diciembre del año en que se hayan efectuado comicios para renovar los Ayuntamientos, el Presidente Municipal en funciones citará al Presidente y a los regidores propietarios electos para que, constituidos en junta previa, califiquen las elecciones".

Preguntamos, ¿ya para qué se reúnen a calificar la elección los "regidores propietarios electos" si ya fueron declarados tales por otro organismo electoral? Deberían reunirse a tomar posesión de sus cargos, pero no a declarar algo que ya está declarado y, para colmo, en una reunión que la misma Ley denomina "junta previa". Volvemos a preguntar: ¿previa a qué? ¿No será acaso previa a la elección misma? El propio precepto citado y el siguiente[136] distinguen pulcramente entre el ayuntamiento en funciones y el entrante, al que designa, desde todo punto de vista equivocadamente, "electo" y le encomienda la facultad de calificar su propia

---

136 "Artículo 15.- La Junta Previa se efectuará con la totalidad o la mayoría absoluta de los ciudadanos citados, bajo la presidencia del Presidente Municipal electo y fungirá como secretario el del Ayuntamiento en funciones". Ley Orgánica Municipal. Edición Oficial. Editorial "Erandi" del Gobierno de Michoacán, Morelia, 1962. Págs. 19 y 20.

elección. En este punto, la citada Ley, cuyos preceptos en materia de calificación electoral merecerían les dedicáramos todo un apartado de comentarios dada su absurda redacción, se aparta de la Ley Electoral de la Entidad de Ocampo, la cual dispone en su ya citado numeral 106: "Los ayuntamientos calificarán la elección de sus propios miembros y su resolución será también definitiva e inapelable".

Un tercer grupo está integrado por los artículos que establecen que sea una Junta Computadora, integrada por los Presidentes de las Casillas Electorales, la que califique las elecciones comunales. Dichas disposiciones admiten que las resoluciones de la Junta Computadora sean recurridas ante el Congreso Local, por lo que es éste el que califica en forma definitiva. Son los artículos 84 y 85 de la Ley Electoral de Nuevo León y 152 y 153 de la de Tabasco.

Una cuarta categoría, pues no podemos llamarle grupo, corresponde al artículo 111 de la Ley Electoral del Estado de México. Designa a la Comisión Estatal Electoral como competente para llevar a cabo la calificación que nos ocupa.

En quinto término, agrupamos los siguientes preceptos: Artículo 102 a 105 de la Ley Electoral de Hidalgo; Artículo 132 de la Ley Electoral de Sonora; Artículos 98, 99 y 101 de la Ley Electoral de Nayarit; Artículo 85 de la Ley Electoral de Sinaloa, complementado por el artículo 64, fracción XXXVII de la Ley Fundamental local, al cual remite.

Estas disposiciones establecen que la calificación debe llevarla a cabo el Ayuntamiento saliente, o sea, el que esté en funciones al momento de la elección. Los artículos de las legislaciones nayarita y sinaloense citados, establecen recurso contra la resolución del Ayuntamiento saliente, el cual se ventila ante el Congreso local.

Por último, una sexta categoría, sumamente importante para la legislación electoral mexicana, la integra el sistema que establece la Ley Electoral de Jalisco, con base en el artículo 37 de la Constitución de esa Entidad. La importancia de tal sistema, nos obliga a examinarlo con detalle.

El ordenamiento aludido dispone en su artículo 126 que "Las elecciones municipales podrán ser objetadas ante el Consejo Electoral dentro de un término de cinco días a partir de aquel en que se hayan verificado las elecciones, debiéndose ofrecer las pruebas en el escrito de objeciones". Previamente, en su artículo 123, la misma Ley faculta al Consejo Electoral para que, después de haber hecho el cómputo respectivo, extienda credenciales a los candidatos que hayan obtenido la mayoría de los votos y, después, en su numeral 127, establece cómo, por así decirlo, el cómputo de la elección municipal no objetado dentro del término legal causa estado y entonces el Consejo hace la declaratoria correspondiente.

Pues bien, la misma Ley que venimos comentando, en el Apartado C de su Capítulo IV, reglamenta detalladamente la organización del Tribunal Electoral, al cual deben remitirse los expedientes de las elecciones municipales objetadas en tiempo ante el Consejo Electoral, según disposición del artículo 128.

Dicho Tribunal debe integrarse por cinco miembros, a los que la Ley da el tratamiento de "Magistrados", quienes deben ser ciudadanos de probidad reconocida, además de reunir algunas otras cualidades (artículo 59); dos de ellos designados de entre los Magistrados del Supremo Tribunal de Justicia del Estado en funciones; otros dos, de entre los que propongan los partidos políticos registrados, a razón de tres cada uno; el último, de una lista de tres Notarios en ejercicio, propuesta por el Consejo de Notarios. Las designaciones debe hacerlas el Consejo Electoral (artículo 60). El Tribunal debe apreciar los hechos en conciencia y dictar sus resoluciones conforme a derecho, teniendo éstas el carácter de definitivas e inobjetables (artículo 66) y en caso de anulación de elecciones municipales, las que deban efectuarse serán calificadas por el mismo Tribunal Electoral (artículo 67). Otras disposiciones del capítulo en cuestión tienden a dar independencia al Tribunal y a prever los casos en que puedan presentarse vacantes en él, por muerte o impedimento insuperable de uno de los Magistrados.

Entre sus artículos 128 y 140, la Ley regula extensamente lo que es un verdadero juicio, en el que se observan las formalidades esenciales del procedimiento, no sin dotar al órgano jurisdiccional de facultades y medios para hacer valer sus determinaciones.

La importancia de lo anterior radica en que ello demuestra que, hablando con Duverger, el sistema de lo contencioso jurisdiccional no es del todo exótico respecto del sistema electoral mexicano, así esté establecido en una sola de las treinta leyes electorales que tenemos y para operar únicamente en caso de impugnación, con objeto de desahogar la interposición de un recurso. No es tan absolutamente necesario en nuestro orden jurídico, como algunos han pretendido, y como lo pregona elocuentemente casi toda nuestra legislación electoral, según lo hemos comprobado, que toda elección sea calificada por un órgano que tenga lo menos que sea posible de tribunal de derecho y lo más que se pueda de anónimo e irresponsable.

IV. Crítica

HECHOS Y OPINIONES

La parte final del último párrafo del capítulo inmediato anterior fue en realidad el inicio del análisis crítico a que en seguida someteremos al sistema mexicano de calificación electoral, una vez que hemos visto cómo se configura en los diversos niveles y órdenes a que da lugar el sistema federal.

Toda vez que hemos dejado demostrado cómo, tanto en el nivel federal como en el local, la calificación más trascendente es la de las elecciones de los integrantes de los Congresos, pues a ellos toca calificar a su vez las elecciones de los titulares del Poder Ejecutivo y con frecuencia también califican las elecciones municipales, no pasará desapercibido que enderezaremos nuestra crítica principalmente hacia el sistema de calificación de los comicios en que se designa a los miembros de las legislaturas federal y locales, dejando un tanto al margen los otros aspectos del sistema mexicano de calificación electoral y tratándolos, por consiguiente, con menor amplitud.

La relación de unos cuantos hechos nos permitirá concluir válidamente que no sólo en las naciones en que se ha usado o se usa un sistema de calificación similar al nuestro se han presentado abusos, sino que también en México la adopción del sistema contencioso político, tomado de dos fuentes distintas, ha traído consigo consecuencias bochornosas.

Del vívido relato debido a José María Suárez Téllez, podemos fácilmente derivar la apreciación que esa persona tendría acerca del sistema que se utilizó para calificar su propia elección como diputado miembro de la XXXIX Legislatura del Congreso de la Unión. "Una vez que se ha instalado el Colegio Electoral, se nombran comisiones revisoras de credenciales conforme a las planillas que vinieron aprobadas de 'allá arriba' y entonces comienza otra batalla en torno a tales comisiones. Nadie sabe dónde celebran sus juntas, pues, aunque las oficinas están instaladas en los sótanos de la Cámara, sus integrantes van ahí por escasos minutos; oyen las súplicas de quienes temen un desaguisado, con esa premura del que no quiere oír y a todos, absolutamente a todos, se promete obrar con entera justica. El jefe del Control Político no parece (sic); se sabe que no sale de la Secretaría de Gobernación y que con cuatro o cinco personas están dando mandobles, a diestra y siniestra, disponiendo de las credenciales como de cosa propia.

"Llega a sesión de Bloque el primer dictamen global, que trata generalmente de las credenciales indiscutibles, digo indiscutibles porque pertenecen a los más grandes amigos de los árbitros. Nadie chista, hay un silencio espectacular. Los interesados no caben en su asiento; han triunfado.

"En la sesión siguiente comienzan las lamentaciones: cierta credencial que ya se creía definitivamente aprobada, se ha dejado para discutirla más tarde; cuando todo mundo creía que por el Distrito X entraría un estimado camarada, resulta que en su lugar cayó un paracaidista sin documentos; en veces los afectados hacen uso de la palabra para encarecer su triunfo, para explicar las deficiencias legales del documento que exhibe como credencial su contrincante; se hace derroche de convicción revolucionaria y se narran los reprobables procedimientos a que ha recurrido el opositor. Todo útil, la votación se toma apresuradamente y se declara que por unanimidad perdió el elocuente presunto. Hasta que por fin se logra aprobar una mayoría de credenciales, para instalar Legislatura y constituir el Congreso de la Unión. Por fortuna, mi credencial se impone"[137].

Interrogado por un inteligente historiador norteamericano acerca de la irregularidad de su designación como diputado de

---

[137] SUÁREZ TÉLLEZ, José María. ¿Quiere usted ser Diputado? Colección de Estudios Políticos y Sociales. México, 1946. Págs. 20 y 21.

partido en 1964, Vicente Lombardo Teledano, para tratar de justificarla, respondió lo siguiente: "Yo fui diputado hace 40 años, dos veces seguidas. ¿La Cámara, convertida en Colegio Electoral, examinó mi expediente electoral? No. Un día, ya siendo diputado, fui al archivo con el objeto de sacar un documento que había venido en el expediente electoral de mi distrito. No lo encontraba. Le pregunté al que cuidaba el almacén y me dijo: 'Pues búsquelo usted, por ahí está, ¿qué señas tiene su expediente?'. Le dije: 'Una caja de madera grande, con unos flejes de fierro, de estas características'. 'Ah, sí —me dijo—, aquí está'. 'Esa es'. No la habían abierto, nunca se abrió. Fui diputado la segunda vez; tampoco se abrió mi expediente. ¿Cómo entonces las Comisiones Dictaminadoras de la Cámara de Diputados hacen su juicio respecto de las elecciones? De una manera arbitraria"[138].

Es muy difícil aprobar que exista como sistema para calificar las elecciones de los legisladores un procedimiento que por su olvido absoluto del derecho y de la ética política ha llevado a alguien a la máxima desesperación. No sería nada raro que muy pocas personas recordaran en la actualidad el caso elocuente de Meixueiro, pues en nuestro medio son sumamente frecuentes los cuadros de amnesia política. En las elecciones para diputados federales de 1943, Jorge Meixueiro contendió como candidato en el segundo distrito electoral del Estado de Oaxaca. Casi sin oposición al frente, obtuvo fácilmente la credencial que le dio acceso al Colegio Electoral como presunto diputado. No obstante, el dictamen de la comisión correspondiente le fue adverso. Solicitó el uso de la palabra para impugnarlo y una vez que subió a la tribuna calificada por algunos como la más alta del país, sobrevino el desenlace fatal de su existencia provocado por él mismo, pues de sobra sabía que la reunión de presuntos diputados no votaría contra el dictamen, así demostrara ante ella con los más fehacientes

---

138 WILKIE, James y Edna MONZON DE WILKIE, México visto en el Siglo XX. Entrevistas de historia oral. Instituto Mexicano de Investigaciones Económicas, México, 1969. Págs. 399 y 400.

documentos y los más convincentes argumentos que su triunfo electoral había sido inobjetable. Veamos un testimonio: "¿Porqué estaba yo en la Cámara de Diputados a las trece horas diez minutos del día 18 de agosto de 1943 en que se suicidó mi amigo y compañero Jorge Meixueiro? No era yo presunto de esa XXXIX Legislatura, que, en sesión de bloque, iniciaba con el caso del 2º Distrito Electoral del Estado de Oaxaca, la discusión sobre las elecciones de sus integrantes diputados. Sin embargo, yo vi morir a Meixueiro. Quiso el Destino que, así como lo había visto nacer a la vida política en un triunfo magnífico de su oratoria, en la XXXIII Legislatura, a la que llegamos juntos, lo viera morir por su propia voluntad en la misma tribuna. 'Quiero esgrimir el último argumento y salir de aquí... ¡muerto!'. Esta fue la última frase de Meixueiro; pero la palabra final, la definitiva, al adiós del político y del hombre, la palabra que epilogó su existencia ciudadana y orgánica al mismo tiempo, se quedó en sus labios, interrumpida por el disparo, convirtiéndose en la realidad trágica de su cuerpo ensangrentado"[139].

Un aspecto que ha venido a hacer aún más inapropiado el sistema que venimos analizando y respecto del cual el Colegio Electoral ha significado desesperante frustración, después de que existían fundadas esperanzas sobre él, es el relativo a los diputados de partido que se introdujeron en 1963 en nuestro orden jurídico mediante reforma constitucional que todo mundo recibió como saludable para nuestra incipiente democracia, pues se basó en la necesidad de que las minorías estuvieran representadas en la Cámara y participaran así en forma orgánica en la difícil tarea que implica tomar las decisiones fundamentales para la Nación.

El sistema de los diputados de partido ha sido calificado como un adelanto en las instituciones democráticas de México, pues se ha pensado que la posibilidad con que cuentan ahora las minorías

---

139 SANTOYO, Ramón Víctor. Hechos y hombres del Parlamento. México, 1955. Pág. 79.

de ser escuchadas y de poder participar activamente en el gobierno, le da mayor agilidad y fluidez al régimen. "El éxito de la reforma, su comportamiento en la práctica dependerá sobre todo del uso legal del sistema cuyo acierto no consiste en tratar de resolver definitivamente, de una vez por todas, los problemas de la democracia, sino en ensayar el tránsito hacia un mecanismo electoral que permita a los partidos en minoría alcanzar la representación en la Cámara no como una dádiva o merced que se concede simbólicamente en homenaje a la democracia, sino como un derecho propio", ha dicho Tena Ramírez con verdad, vistas las cosas desde un ángulo meramente teórico[140]. Más adelante, el referirse al dictamen formulado en el seno del Colegio Electoral de 1964 en que se aplicaron, o más exactamente expresado, se pretendieron aplicar por vez primera las normas relativas a los diputados de partido, el mismo doctor Tena Ramírez expresa su insatisfacción con los equilibrismos mentales del dictamen y la desilusión que en el maestro y en muchos más produjo la actitud del referido Colegio Electoral. El dictamen en cuestión se "aprobó la víspera de que dejara de tener existencia constitucional la XLV legislatura federal, la misma que menos de dos años antes había votado por unanimidad la iniciativa presidencial, sin que nadie hubiera advertido en aquel entonces las tachas de imprecisión y de omisión que ahora le atribuía el dictamen. La crítica envolvía por igual al autor de la iniciativa (Presidente Adolfo López Mateos), a ambas cámaras federales y a las legislaturas de los Estados, a todos los que habían participado en la elaboración constitucional de la reforma, así como a la opinión pública que sin reservas aclamó la inesperada novedad en materia electoral. Bienvenida la crítica cuando es justificada, pero en este caso no lo fue. Lo decimos con íntima convicción, en desagravio de una reforma que adelantaba una esperanza no quimérica de rehabilitación cívica y que humanizaba su original sistema con un ademán de generosa voluntad"[141].

---

140 TENA RAMÍREZ, Felipe, Derecho Constitucional Mexicano. Pág. 269.
141 Ibiden. Pág. 277.

Por otra parte, la reforma había sido calificada de una "generosa medida democrática en favor de los partidos minoritarios o de oposición por la prensa nacional, mas no se hizo por generosidad, sino por la necesidad de dar mayor participación en el Congreso a grupos que representan una auténtica corriente de opinión. Fue una necesidad —necesidad imperiosa— de caminar hacia una auténtica democracia"[142].

Hemos dejado expuesto que la calificación de los diputados de partido se encomienda también al Colegio Electoral, aunque sin que intervengan en las comisiones dictaminadoras los que podríamos llamar presuntos diputados de partido, sino que los presuntos diputados de mayoría escogen, de acuerdo con el sistema en vigor, a quienes serán sus adversarios políticos en la Legislatura como diputados de partido.

En tres ocasiones ya —1964, 1967 y 1970—, la tercera de las comisiones dictaminadoras a que se refiere la fracción I del artículo 5 del Reglamento para el Gobierno Interior del Congreso, ha formulado las listas de los diputados de partido como le ha venido en gana y, por supuesto, han sido aprobadas por el Colegio Electoral en "resolución definitiva e inatacable"[143].

En defensa de la Constitución y exigiendo para ella el respeto que merece como Ley Fundamental del país, hemos dicho en otro estudio que no se trata de que exista una que otra situación violatoria del orden constitucional en nuestro medio, lo cual sería por demás explicable. Se trata de que ya lo normal va siendo que la Ley Fundamental no se cumpla, ni siquiera cuando señala números exactos cuya aplicación no puede ser otra que la matemáticamente exacta, como en el caso del artículo 54 que mereció del señor Martínez Domínguez, licenciado en derecho honoris

---

142 ESTRADA SÁMANO, Miguel I. Revista La Nación No. 1277, Pág. 8.

143 Una relación detallada de la primera aplicación del sistema de diputados de partido puede consultarse en TENA RAMÍREZ, Felipe. Op. Cit. Págs. 274 y siguientes y en MEDINA CORREA, Antonio. Op. Cit. Págs. 107 y siguientes.

causa, el genial comentario de que los porcentajes que el precepto señala como mínimos para que los partidos políticos nacionales acrediten diputados de partido "resultan secundarios frente al espíritu de la reforma constitucional que creó los diputados de partido precisamente para estimular a los partidos políticos y no para ahogarlos en limitaciones jurídicas que pueden tener distintas interpretaciones"[144]. Hemos referido ya que la Ley Electoral Federal en su artículo 127 fracción III dice que la Cámara de Diputados, con base en el artículo 54 constitucional, determinará el número de diputados de partido a que tenga derecho cada uno de los partidos minoritarios. Determinado ese número, teniendo siempre como base el 54 de la Ley Fundamental, la misma Cámara, léase Colegio Electoral, pues como adelante veremos no pueden identificarse la una con el otro sin incurrir en una interpretación errónea cuando no amañada del artículo 60 de la Constitución, formulará, dice la fracción IV del citado numeral 127, una lista de los candidatos de cada partido que resultaren con derecho a ser diputados de partido, anotándose en riguroso orden, de acuerdo con el número decreciente de sufragios que hayan logrado en relación con los demás candidatos del mismo partido en todo el país. A su vez, el artículo 54 de nuestra Constitución Política en su fracción I, claramente establece como mínimo para que un partido político nacional pueda acreditar diputados de partido el que ese partido haya obtenido en la elección respectiva el dos y medio por ciento de la votación total en el país, porcentaje numérico que, por si fuera poco, el mismo precepto de la Constitución reitera en su fracción II. Ahora bien, si la expresión "dos y medio por ciento de la votación total", de acuerdo con la declaración de Alfonso Martínez Domínguez, que fue por cierto jefe de la diputación mayoritaria en la Legislatura cuya integración se sancionó en el Colegio Electoral de 1964, admite "distintas interpretaciones", todo lo que la Constitución establece también las admite y, entonces, ¿es o no la Ley Fundamental de la Nación?

---

144 EXCELSIOR del 17 de abril de 1970. Entrevista practicada por Guillermo Ochoa.

Similar declaración produjo en su oportunidad el licenciado Mario Moya Palencia, cuando dijo: "Desde el punto de vista estrictamente numérico, sólo el PAN obtuvo los cocientes electorales señalados para acreditar diputados de partido... Pero las juntas preparatorias de la Cámara en ambas Legislaturas interpretaron la reforma electoral según el método histórico y con un esencial espíritu finalista y pluralista, tomando en cuenta la antigüedad y membresía del PPS y del PARM, y aunque estos partidos no llegaron a obtener el dos y medio por ciento de la votación se les concedieron un número de diputados de partido proporcional a su esfuerzo... Puede ser que esto pueda molestar a algunos juristas amantes de aplicar las leyes más por la letra que por el espíritu... "[145]. ¿A qué acudir a métodos de interpretación cuando se está ante un precepto absolutamente claro y terminante? Un viejo maestro de la escuela exegética francesa dejó sentado un principio que han aceptado como válido todas las posteriores escuelas de interpretación jurídica: "Cuando una ley es clara —decía Fenet—, no es lícito eludir su letra, so pretexto de penetrar en su espíritu"[146]. La antigüedad, membresía y esfuerzo de los partidos que según la declaración que comentamos, han dado base a la interpretación que de las normas de los diputados de partido han hecho los Colegios Electorales, son datos que la misma reforma tomó en consideración y que cuantificó al exigir a los grupos minoritarios políticamente organizados el obtener el dos y medio por ciento de la votación total del país como mínimo para tener derecho a acreditar diputados de partido, con el requisito adicional de estar constituidos como partidos políticos nacionales y haber obtenido su registro como tales por lo menos con un año de anticipación a la fecha de la elección, requisito este último que señala no una ley secundaria, sino la Constitución Federal en su artículo 54, fracción IV.

---

145 Citado por MEDINA CORREA, Antonio. Op. cit. Pág. 109.

146 Citado por GARCÍA MAYNEZ, Eduardo. Introducción al Estudio del Derecho. Séptima Edición. Editorial Porrúa. México, 1956. Pág. 334.

A últimas fechas el Ejecutivo ha enviado al Congreso para ser analizada por el Constituyente Permanente, una nueva iniciativa de reformas al artículo 54 de la Ley fundamental en que se propone, entre otras cosas más o menos trascendentes, que el porcentaje mínimo que los partidos políticos minoritarios necesitan para acreditar diputados de partido, deje de ser el dos y medio por ciento de la votación total para descender al uno y medio por ciento de la misma. Como expresión de remordimiento de conciencia por la triple violación a que se ha sometido a nuestra Carta Magna, la proposición es plausible. Pero parece que otra vez se han contrapuesto las matemáticas y el espíritu del sistema de diputados de partido, pues, si de acuerdo con el sistema en vigor, sujeto ya a reforma, el obtener el dos y medio por ciento de la votación total da al partido minoritario derecho para acreditar cinco diputados de partido y por cada medio por ciento más que obtenga puede acreditar otro diputado hasta llegar al tope de veinte representantes, a cada diputado de partido corresponde un medio por ciento de la votación. Con la reforma que propone el Ejecutivo, el partido minoritario podrá acreditar cinco diputados de partido al obtener el uno y medio por ciento de la votación en la elección de que se trate y por cada medio por ciento más que obtenga, podrá acreditar un diputado más hasta llegar al tope de veinticinco representantes. Resultado, habrá diputados de partido acreditados con un 0.3% de la votación y legisladores del mismo grupo minoritario organizado políticamente que obtendrán su curul con un 0.5% de los sufragios emitidos. En ocasiones es útil emplear los servicios de los profesionales de los números al formular iniciativas de leyes o de reformas a éstas.

No debe extrañar que nuestro sistema de Colegio Electoral haya dado base para que los hechos que hemos relatado antes de la digresión anterior, y otros muchos, tan decepcionantes como ellos, se hayan producido. Al exponer en nuestro capítulo tercero la reglamentación que nuestro derecho positivo da a la institución del Colegio Electoral en el plano federal, formulamos varias interrogantes como expresión de las dudas que la simple lectura de los preceptos relativos a ella hace surgir[147]. Es llegado el momento de dar respuesta a esas preguntas, a la luz de las opiniones de los estudiosos, de las experiencias legislativas de México y de otros países que hemos dejado expuestas y de los principios fundamentales del derecho.

Nos preguntábamos si la reglamentación aludida establece un sistema adecuado para la calificación imparcial del voto popular. Veamos.

La XLVI Legislatura de la Cámara de Diputados, en un esfuerzo por demás plausible que desgraciadamente no se vio coronado con el éxito total según veremos más adelante, editó una obra ya citada por nosotros, en la que se trata, en forma organizada y sistemática, de los antecedentes y evolución de todos los artículos de nuestra Ley Fundamental. En su elaboración, dirigida por el doctor Octavio A. Hernández, intervinieron destacados juristas, así como diputados miembros de la mencionada Legislatura. Veamos qué opinión emite esta obra monumental en la nota explicativa referente al artículo 60 constitucional: "el principio que sirve de base al contenido de este artículo es el de la autonomía del Poder Legislativo. La facultad que se otorga a cada Cámara para resolver de manera definitiva e inatacable sobre la legalidad de las elecciones de sus miembros, asegura su independencia y es congruente con la naturaleza, que la propia Constitución les reconoce, de organismos que representan a la Nación. No podría justificarse ni política ni jurídicamente que la integración del Congreso de la Unión dependiera de otro órgano gubernativo o de otra decisión que no fuera la de los propios representantes populares"[148].

La obra citada no desciende a examinar la reglamentación que hemos visto se ha dado en nuestro medio al numeral 60 de la Constitución tantas veces aludido. Cuando mucho, colocada en el plano de los principios, fundamenta la facultad del Congreso

---

[147] Vide supra. Pág. 94.

[148] XLVI LEGISLATURA DE LA CÁMARA DE DIPUTADOS. Op. Cit. Tomo VI. Pág. 333.

de la Unión para calificar las elecciones de sus miembros, asegurando que dicha facultad impide que el Poder Legislativo quede subordinado a alguno de los otros órganos del poder. Hemos visto cómo en efecto el principio en que se basó en Inglaterra el otorgamiento de la facultad equivalente a la Cámara de Comunes fue ése, pero hemos visto también cómo en la propia Inglaterra la atribución de dicha facultad evolucionó ante la desaparición del peligro de intervención del Rey en la calificación electoral y, sobre todo, ante los abusos a que dio pie. Por otro lado, negamos que la Constitución reconozca como organismos que representan a la Nación a las reuniones de presuntos diputados o senadores a que se refiere el Reglamento para el Gobierno Interior del Congreso. Hemos comprobado, además, que en otros órdenes jurídicos se justifica jurídica y políticamente que la calificación de las elecciones de los miembros de los poderes legislativos la lleven a cabo órganos distintos de éstos.

Insistimos en la inconstitucionalidad del procedimiento que deja en manos del Colegio Electoral la calificación final de las elecciones de los integrantes del Poder Legislativo, ya que el artículo 60 de la Constitución prevé que cada Cámara calificará las elecciones de sus miembros y lo que los ordenamientos reglamentarios que hemos aludido establecen, es la facultad de esa calificación, no a favor de las Cámaras, sino de las reuniones que forman los presuntos diputados y senadores, reuniones que manifiestamente no son ni la Cámara de Diputados ni la de Senadores en ejercicio, en el momento de ser instalado el Colegio Electoral. Basta con pensar en dos casos hipotéticos para darnos cuenta de la inconstitucionalidad del mencionado Reglamento. Supongamos que el 20 de agosto de un año en que hubiera elecciones para renovar las Cámaras del Congreso de la Unión, falleciera el Presidente de la República. Por entonces deberían estar ya constituidas en ambas Cámaras las juntas preparatorias encargadas de calificar las elecciones de diputados y senadores y, sin embargo, no serían ellas las que con base en la fracción XXVI del artículo 73 constitucional, se constituirían en Colegio Electoral para designar al ciudadano que debería sustituir al Presidente fallecido, ya fuera con el carácter de substituto, interior o provisional. Lo contrario sería reconocer a los presuntos diputados y senadores una facultad que la Ley Fundamental confiere al Congreso, integrado por los representantes populares que concluirían su encargo hasta el 31 de agosto de ese año. Supongamos por otro lado que el Presidente de la República se viera precisado a suspender en un lugar determinado las garantías individuales un 25 de agosto de un año igualmente electoral. La aprobación que para ello tendría que obtener del Congreso de la Unión en los términos del artículo 29 constitucional, debería obtenerla del Congreso aún en funciones y no de las juntas preparatorias integradas por presuntos diputados y senadores, pues no serían dichas juntas, de acuerdo con el texto de nuestra Ley Fundamental, el Congreso de la Unión que estaría en funciones en la fecha indicada.

Recordemos cómo el Reglamento para el Gobierno Interior del Congreso en su artículo segundo da a las que sí son verdaderamente las Cámaras y que por tanto deberían ser, de acuerdo con una interpretación sana de nuestra Ley Fundamental, los organismos competentes para erigirse en Colegio Electoral y calificar las elecciones encaminadas a renovarlos, una intervención por demás raquítica —cinco miembros tan sólo de cada uno, de los cuales dos son suplentes que solamente entrarán en funciones por imposibilidad absoluta de alguno o algunos de los propietarios— y únicamente para los efectos de instalar el Colegio Electoral. Con justicia, Medina Correa dice que tal comisión que se designa en cada Cámara "más que instaladora realiza las funciones de un comité de recepción y bienvenida (para) quienes van a calificar su propia elección"[149].

En nuestro medio, ¿cuál es el procedimiento para impugnar las leyes que se aparten del orden constitucional? Rápidamente puede contestarse que el llamado amparo contra leyes, pero es preciso que analicemos si, de acuerdo con la forma en que se ha-

---

[149] MEDINA CORREA, Antonio. Op. Cit. Pág. 103.

lla regulado es idónea para la defensa constitucional y, sobre todo, si es aplicable al caso concreto que a nosotros ocupa.

De los amparos que cotidianamente se plantean ante la justicia federal, incomparablemente el mayor número tiene su origen en la inexacta aplicación de alguna ley. Pero, aunque en reducido número, hay otros amparos en que se reclama la inconstitucionalidad misma de la ley que se pretende aplicar. Aquí debe llevar a cabo el juez federal un contraste entre la Constitución y la ley inferior impugnada, dentro de lo que es una función de índole típicamente constitucional.

Sin embargo, en el caso concreto del Reglamento para el Gobierno Interior del Congreso, sería inútil intentar el recurso, debido a lo que dispone el segundo párrafo del numeral 60 de la Constitución que es secundado por las disposiciones contenidas en las fracciones VII y VIII del artículo 73 de la Ley de Amparo que declaran improcedente el juicio de amparo cuando la acción se intenta "contra las resoluciones o declaraciones de los presidentes de casillas, juntas computadoras o colegios electorales, en materia de elecciones" o "contra las resoluciones o declaraciones del Congreso Federal o de las Cámaras que lo constituyen, de las Legislaturas de los Estados o de sus respectivas Comisiones o Diputaciones Permanentes, en elección, suspensión o remoción de funcionarios, en los casos en que las constituciones correspondientes les confieran la facultad de resolver soberana o discrecionalmente".

Tales disposiciones tienen su origen en políticas que se suscitaron en nuestro borrascoso siglo XIX. Refiere Preciado que "hubo políticos que concedían toda su importancia a la autenticidad de la representación nacional. Vallarta decía a este respecto: 'nuestras instituciones son una mentira sin el ejercicio del derecho electoral: si de éste se prescinde, si el pueblo no lo reivindica, seguirá siendo imposible mantener el sabio equilibrio entre los poderes que la Constitución estableció'. Sin embargo, cuando se planteó en la Suprema Corte el problema de la incompetencia de origen que implicaba la posibilidad de una declaración por parte del Poder Judicial Federal sobre la ilegitimidad de origen de los funcionarios de elección popular, por irregularidades cometidas en el proceso electoral, el mismo Vallarta se opuso y afirmó 'el diputado deber ser elegido libremente por el pueblo; pero si hay alguno que haya falseado el voto público y muchos de esta clase han existido y existen, y su credencial ha sido aprobada por el Congreso, aunque su origen sea ilegítimo su título ha quedado legitimado por quien puede hacerlo, sin que a ningún tribunal sea dado reprocharle siquiera su incompetencia de origen'. Esta controversia en la Suprema Corte sobre la incompetencia de origen fue la que seguramente determinó la expedición del Decreto del Congreso número 7375 de mayo 19 de 1875, promulgado por don Sebastián Lerdo de Tejada y que a la letra dice:

"Artículo único.— Sólo a los Colegios electorales corresponde resolver sobre la legitimidad de los nombramientos que, por la Constitución Federal o por la de algún Estado, deban verificarse popularmente.

"En consecuencia, hecha la declaración respectiva por los colegios electorales, por el Congreso de la Unión o por las legislaturas en su caso, ningún poder, autoridad o funcionario de la federación, podrá revisar ni poner en duda los títulos de legitimidad de un funcionario federal o de los Estados, procedentes de aquella declaración.

La infracción de esta ley se castigará con las penas establecidas en el Capítulo VII, Título XI del Código Penal"[150].

Debemos además advertir que es en el amparo contra leyes donde hace crisis el carácter individualista de la institución del amparo. En efecto, para la doctrina, para la ley secundaria y la jurisprudencia, ha existido siempre el problema de cómo conciliar el elemento perjuicio concretado en una persona, que es

---

150 PRECIADO HERNÁNDEZ, Rafael. La Representación Política en el Siglo XIX. Revista La Nación. No. 463. Pág. 13. El texto del decreto transcrito puede consultarse en DE LA TORRE, Juan. Op. Cit. Pág. 301.

indispensable para la procedencia del amparo, con la naturaleza impersonal, abstracta y general de la ley[151].

A nuestro juicio y después de haber estudiado con detenimiento la institución y su evolución en la historia jurídica de México, el amparo contra leyes no se ha perfilado como un sistema de genuino control de la constitucionalidad. Por lo que toca a la jurisprudencia, es en esta clase de amparos donde podría hallar el clima más propicio para desarrollarse, porque a diferencia de cuando el acto lesivo de alguna garantía constitucional se dirige exclusivamente a un individuo, en el amparo contra una ley debería bastar una sola definición de inconstitucionalidad para que la ley contraria a la norma suprema ya no pudiera aplicarse a ninguna de las personas comprendidas en los supuestos de aquélla. Esto es que los efectos de esa definición deberían operar erga omnes. Por lo que hace al amparo promovido anticipadamente a la aplicación coactiva de una ley, es muy conocido el esfuerzo con que su admisión se ha abierto paso por entre atávicos prejuicios, pero sin que lo poco que en ese aspecto se ha conseguido signifique que el juicio de amparo haya dejado de ser lo que siempre ha sido: una defensa del individuo. Ello determina quizá que el amparo no sea lo que acaso nunca podrá ser: una defensa directa, autónoma, eficaz de la Constitución.

No obstante lo anterior, el amparo contra leyes no sería totalmente inútil para la impugnación de los ordenamientos aludidos, pues si la Corte, por poner un ejemplo irrealizable dada la terminante disposición del párrafo segundo del artículo 60 de nuestra Ley Fundamental, concediera el amparo de la justicia federal a algún desahuciado por el Colegio Electoral con base en la inconstitucionalidad de los multicitados ordenamientos que reglamentan su funcionamiento, la ejecutoria correspondiente aprovecharía al desahuciado diligente en demandar el amparo, toda vez que, de acuerdo con la incontrastable conclusión a que llega el maestro Juventino V. Castro en su interesante y audaz

---

151 Cfr. TENA RAMÍREZ, Felipe. Op. Cit. Págs. 490 y siguientes.

obra recientemente editada, "no hay amparo contra leyes inconstitucionales, sólo hay amparo contra la aplicación de esas leyes a un caso concreto, planteado por un individuo que fue lo suficientemente vigilante para exigirlo a la justicia federal"[152].

Si procediera el amparo en materia política, en cada caso concreto se podría plantear la inconstitucionalidad de las disposiciones del Reglamento para el Gobierno Interior del Congreso a que hemos hecho mérito, lo cual sería una práctica que, sobre las limitaciones propias del amparo contra leyes, tarde o temprano conduciría al cambio del sistema de calificación electoral.

La sola inconstitucionalidad del sistema de calificación de las elecciones de los miembros del Congreso de la Unión bastaría para concluir que es inadecuado. Hay sin embargo otras circunstancias y argumentos que nos conducen a la misma conclusión, aunque no se refieren al dato de la inconstitucionalidad del Colegio Electoral que es, en nuestra opinión, el fundamental para la crítica del sistema.

En memorable ocasión, Herrera y Lasso, a quien nadie ha objetado su categoría de constitucionalista destacadísimo, dirigiéndose al Colegio Electoral de la Cámara de Diputados de 1946, al defender en forma por demás brillante el caso electoral del primer distrito del Estado de San Luis Potosí, en el que había contendido como candidato, expresó lo siguiente: "un inteligente cronista político anunció, desde hace varios días, que seríamos (se refería a él y a los demás candidatos de su partido) escuchados por mero 'cumplido' en este recinto y que tras ello seríamos despedidos de él. Si sólo de cumplidos se tratara, yo debería inclinarme ante vuestra gentileza y retirarme después de un cambio de palabras amables o insubstanciales. Pero aquí no se trata de cumplidos; ni de ritos sociales; ni de buenas formas que, por lo demás, nunca

---

152 CASTRO, Juventino V. Hacia el Amparo Evolucionado. Editorial Porrúa, S.A. México, 1971. Pág. 42.

están de sobra, se trata de algo muy serio, muy importante, que afecta nada menos que a la esencia del Gobierno Constitucional.

"El Congreso y las dos Cámaras que lo forman tienen diversas facultades atribuidas por la Constitución a esos órganos de autoridad. Así, el Congreso, es decir, las dos Cámaras con actuación conjunta, aunque separada, tienen facultades legislativas, ejecutivas y judiciales. Las Cámaras de Diputados y Senadores tienen facultades exclusivas, o sea, las que cada una ejercita sin intervención de la otra. Estas facultades, por su propia naturaleza, son siempre ejecutivas y en casos determinados, adquieren el matiz de judiciales. Otro tanto ocurre con las que, técnicamente, se denominan facultades 'comunes'. Y una de ellas, señores diputados, es la que estáis ejercitando. Facultad común, porque es la misma facultad la que tiene cada Cámara, pero para ser ejercitada exclusivamente por cada una de ellas dentro de su respectiva competencia: facultad de la Cámara de Senadores para calificar las elecciones de sus propios miembros; facultad de la Cámara de Diputados, que es la que estáis ejercitando, para calificar las elecciones de sus propios miembros.

"Y bien señores, esta es una función jurisdiccional; estáis diciendo el Derecho; estáis fungiendo de jueces. Y si la disciplina es una necesidad justificable y hasta loable en los Partidos cuando se trata de las bases fundamentales de su ideario, la disciplina, imponiendo votos unánimes, se convierte, en casos como éste, en consigna a los jueces. No tenéis derecho, señores, a fallar por consigna; tenéis la obligación de fallar conforme a vuestro leal saber y entender, en conciencia"[153].

Sin desconocer la facultad de cada Cámara para calificar la elección de sus propios miembros, sino determinando, con qué

---

[153] HERRERA Y LASSO, Manuel. Discurso publicado por la Revista La Nación, No. 256. Pág. 6. Se puede consultar también en el Diario de los Debates del Colegio Electoral de 1946 donde ciertamente debe constar.

claridad y cuánta elocuencia[154], cuál es su carácter y su alcance, el maestro apuntó la posibilidad de que el sistema de Colegio Electoral, tal como se encuentra concebido y establecido en nuestro orden jurídico, se convierta en instrumento de partido para obtener el control político absoluto del Congreso Federal con aparente apego a las leyes.

Lo anterior se ve reforzado por la opinión del maestro Tena, emitida ya no para señalar posibilidades de corrupción del sistema, sino con el objeto de describir cómo en la práctica el sistema se halla corrompido: "desgraciadamente el artículo 60 se ha convertido en instrumento al servicio del grupo dominante en las Cámaras, que con el pretexto de calificar la validez de las elecciones anula y elimina las que favorecen a los contrarios. Es ésa una interpretación abusiva y desleal del precepto; pero a no dudarlo es el precepto mismo el que se presta para el abuso, pues otorga a las Cámaras, es decir, al grupo dominante en cada una de ellas, esa facultad absoluta de calificar las elecciones, para cuyo recto ejercicio se requieren buena fe e imparcialidad difíciles de hallar en asambleas políticas"[155].

Menos concisa, la opinión de otro constitucionalista ya también citado por nosotros, coincide con el pensamiento de Tena Ramírez. Con alguna falla de apreciación, pues la Constitución para nada se refiere a las juntas preparatorias integradas por presuntos diputados o senadores, ni menos les confiere derechos, determina Lanz Duret con precisión el alcance que en derecho tiene la facultad de calificar, en absoluta coincidencia con lo expuesto por nosotros a ese respecto en nuestro capítulo segundo, y señala cómo en nuestro medio dicha facultad es sinónimo de arbitrarie-

---

[154] Dice Ortega que ese discurso de Herrera y Lasso "seguirá siendo un modelo de responsabilidad ciudadana y de oratoria política moderna" y "que estremeció a todos los sectores de la opinión nacional". CASARES NICOLÍN, David: GONZÁLEZ, Genaro María; ORTEGA, Víctor Manuel. Op. Cit. Pág. 25.

[155] TENA RAMÍREZ, Felipe. Op. Cit. Pág. 83.

dad, de discrecionalidad irrefrenable y llevada a su máxima expresión. Dice Lanz Duret con lenguaje ciertamente agresivo pero apegado a la realidad: "Esta facultad... ha sido muy censurada por los abusos a que ha dado lugar, pues el derecho para apreciar y juzgar la legitimidad de las elecciones se ha transformado en el ejercicio de un verdadero acto electoral, llegando las Cámaras no solamente a desechar credenciales legítimas, sino a lo que indudablemente constituye una usurpación: a declarar electo al candidato que sólo obtuvo una exigua minoría y a quien no se expidió ninguna credencial. Han anulado, en cambio, la credencial del que obtuvo mayoría... bajo pretexto de ser enemigo del partido político controlador de la Cámara respectiva. Indudablemente que el espíritu de la Constitución sólo ha sido conferir a las juntas preparatorias el derecho de calificar la validez de las elecciones a la luz de los textos constitucionales y de las leyes electorales, es decir, comprobar si concurren en el presunto diputado o senador los requisitos de ciudadanía por nacimiento, edad requerida, residencia efectiva en el Estado en que se verificó la elección, así como si no existen las incompatibilidades que excluyan el derecho de ser electo, examinando igualmente los expedientes electorales y computando los votos emitidos para cerciorarse de la mayoría obtenida. Pero no puede deducirse de la facultad dada por la Constitución... el derecho de desconocer los votos del pueblo y de anular la voluntad de éste, rechazando a los que hayan obtenido mayor número de sufragios, para dar entrada al Congreso, por simpatía o por partidarismo... a individuos que nadie eligió y que no están amparados por el único título que capacita a los funcionarios públicos: el sufragio popular... debe desecharse de plano por inconveniente... e inmoral, la prerrogativa que se han arrogado las juntas preparatorias para elegir Diputados y Senadores que carecen de los requisitos prevenidos en la Ley Electoral, pues a tal cosa equivale escoger entre los varios candidatos que se sometieron al escrutinio del pueblo al que ha sido rechazado por éste y carezca de la credencial correspondiente, tan sólo por conveniencias de partido... estas enseñanzas y estas experiencias de nuestros Parlamentos... deben llevarnos cuanto antes a una radical transformación política por medio de las reformas constitucionales consiguientes, antes de que el pueblo se resuelva a obtenerlas, como en 1910, por la violencia"[156].

Ya hemos señalado que la institución del Colegio Electoral mexicano es híbrida. Una de las corrientes de su formación es la legislación española, concretamente la Constitución de Cádiz. A ello se refirió en su célebre voto particular sobre el proyecto de acta de reformas a la Constitución de 1824, el 5 de abril de 1847, uno de los creadores de nuestro juicio de amparo, Mariano Otero, en los términos siguientes: "Ya he dicho que en mi juicio esta es la base y la garantía de toda constitución, y muy especialmente de las democráticas, que hacen emanar de la elección todos los poderes del Estado, porque de ella depende que los funcionarios públicos... representen a la nación entera o sólo a un partido más o menos numeroso, vencedor y exclusivo. Por desgracia, en esta materia nuestro derecho constitucional se resiente del más lamentable atraso: apenas hemos hecho algunos adelantos respecto del sistema vicioso adoptado por las cortes españolas, que fue con el que se dio a conocer entre nosotros el régimen representativo"[157]. La opinión de Otero, aunque expresada para criticar en general el sistema electoral por entonces en uso, que al menos por lo que toca a calificación de elecciones sigue siendo substancialmente el mismo —¡un siglo y cinco lustros después!—, es perfectamente aplicable a este último aspecto.

Y Preciado Hernández, maestro no sólo en la cátedra, sino también en la tribuna parlamentaria como diputado al Congreso de la Unión, ha dicho del sistema de calificación que estamos analizando que es "monstruoso e injusto" y que "desconociendo el principio de derecho natural según el cual nadie debe ser juez y

---

[156] LANZ DURET, Miguel. Op. Cit. Págs. 148 y 149.

[157] Citado por PRECIADO HERNÁNDEZ, Rafael. Presupuestos de la Reforma Democrática en México. Conferencia publicada en Los Problemas nacionales. Facultad de Ciencias Políticas y Sociales de la UNAM. Serie Estudios 23. México, 1971. Págs. 130 y siguientes.

parte en una causa, encomienda la calificación de las elecciones a los mismos sujetos que teóricamente pueden resultar favorecidos o perjudicados con tal calificación, pero que en la práctica sólo excepcionalmente resultan perjudicados"[158].

En el mismo sentido, uno de los órganos informativos de la opinión púbica más importantes, el diario Excélsior, ha comentado en uno de sus editoriales que "es agraviante para los ciudadanos la existencia... de aparatos políticos que, con todos los recursos en las manos, dificultan una sana evolución, al ser juez y parte en la función electoral... El actual proceso, que conduce ineludiblemente a un Colegio Electoral, donde el partido mayoritario decide acerca del resultado de unas elecciones en que participaron candidatos suyos y de los partidos rivales, pone en duda la autenticidad de nuestro sistema electoral, ofende al ciudadano y causa irritación pública... De la agudeza política de los mexicanos, de su imaginación, de sus constantes búsquedas que le permitieron idear, en su origen, un partido oficial que sumó y dio coherencia a las fuerzas dispersas de la Revolución, hasta la fórmula de los diputados de partido, es de esperarse un nuevo paso que lo lleve a terminar con el espectáculo lastimoso del Colegio Electoral, que por ser el más llamativo después del acto comicial mismo, provoca consecuencias negativas para todos y muy principalmente para el partido mayoritario, que pierde prestigio, y para sus contendientes, que frecuentemente pierden ánimo o caen en la frustración"[159].

Es obvio que ninguna calificación, en el sentido jurídico del término ya precisado antes, puede ser hecha por un tribunal integrado por quienes están interesados en los casos que ahí se ventilan. Es monstruosa la violación que el sistema del Colegio Electoral, tal como está hoy regulado, hace de un principio jurídico antiguo y fundamental: no se puede ser juez y parte a la vez

---

158 PRECIADO HERNÁNDEZ, Rafael. La Representación Política en el Siglo XIX. Revista la Nación. No. 163. Pág. 12.

159 EXCÉLSIOR. Página editorial. 8 de julio de 1970.

en una misma causa, principio que se ha expresado en múltiples formas a lo largo de la historia del derecho[160].

Otro principio, igualmente viejo y básico, que con frecuencia se vulnera en las sesiones de Colegio Electoral es el que todos los sistemas de calificación que hemos visto se han utilizado o se usan en otras naciones respetan y que se traduce en el derecho fundamental de todo hombre a no ser condenado sin haber sido llamado, oído y vencido en el procedimiento[161], si bien puede pensarse que es preferible no ser escuchado por un organismo que desempeña funciones que la Constitución no le encomienda.

Lo que hemos dicho del sistema que se usa en el orden federal para calificar las elecciones de los miembros del Congreso de la Unión, es aplicable a aquellas legislaciones locales que transportan el mismo sistema al nivel local para la calificación de los integrantes de los Congresos de los Estados, salvo por lo que ve a lo que dijimos de los diputados de partido que no existen en ninguna de las legislaturas locales. También es aplicable a las leyes locales que adoptan el mismo sistema para la calificación de las elecciones de los munícipes, en una de las cuales, la Ley Orgánica Municipal de Michoacán, se llega a los extremos de carencia de técnica y de sentido jurídicos que señalamos en su oportunidad.

Señalamos ya también las excepciones de las legislaciones de Nuevo León, Sonora y Durango que encomiendan al Congreso saliente, las dos primeras, interpretando correctamente sus Leyes Fundamentales y la tercera estableciéndolo así desde la propia Constitución, la calificación de las elecciones de diputados lo-

---

160 Non idem oeden in negotio sit advocatus et judex, quoniam aliquem inter arbitros et patronos oportet esse delectum", "non iudices hodle solent litem suam facere", "nemo auctor esse potest in rem suam" "nemo esse judex in sua causa potest", "nemo judex in causa propia" CABANELLAS, Guillermo. Op. Cit. Tomo IV. Págs. 4, 92 y 93 del apéndice.

161 "Nemo damnatus nisi auditus". "Nemo condemnatus nisi auditus vel vocatus".

cales, con lo que cuando menos se conjura el rompimiento del principio que sostiene que nadie debe ser juez en causa propia. A ellas se asimilan aquellas otras legislaciones que encargan la calificación de elecciones municipales a los Ayuntamientos salientes.[162]

Finalmente, insistimos en la importancia que para el sistema electoral mexicano reviste el hecho de que la Ley Electoral de Jalisco establezca un Tribunal Electoral, así sea para que funcione únicamente en caso de impugnación de cómputos de votos para elegir Ayuntamientos. El precedente es muy valioso y ya hemos expuesto con amplitud en nuestro capítulo anterior la organización y funcionamiento de dicho Tribunal. Su similitud con el sistema propuesto en la iniciativa que en seguida comentaremos y el hecho de que fue adoptado en la mencionada Ley con posterioridad a la presentación de dicha iniciativa ante la Cámara de Diputados del Congreso de la Unión, nos autoriza a pensar y a sostener que el legislador jalisciense se inspiró precisamente en esa iniciativa que, como veremos, fue desechada en el plano federal.

PRINCIPIO DE SOLUCIÓN DESECHADO

Inspirados en ideas como la expresada en forma inmejorable por Teófilo Olea y Leyva cuando con ocasión de una histórica discusión dijo en la sesión del pleno de la Suprema Corte de Justicia de la Nación celebrada el 22 de enero de 1946 que "una vez ensayado un sistema que no de resultado, es preciso ensayar otro y otro, en un constante movimiento de avance y retroceso, hasta dar con alguno que ofrezca los mejores frutos con un mínimo de defectos"[163], tres diputados miembros de la XL Legislatura del Congreso de la Unión, propusieron a la Cámara de Diputados, el 28 de noviembre de 1947, una iniciativa de reformas a nuestra

---

162 Vide supra. Pags. 108 y 109.

163 Citado por GÓMEZ BRAVO, Elhoy. El Artículo 97. Párrafo 3° Constitucional y la Corte Suprema. Tesis Profesional. Escuela Libre de Derecho. México, 1959. Pág. 60.

Carta Fundamental para crear el Tribunal Federal de Elecciones. Fueron los primeros diputados que obtuvo Acción Nacional, partido de oposición que había nacido a la vida pública de México ocho años antes. Sin duda en la elaboración de la iniciativa tuvo no poca intervención Manuel Gómez Morin, fundador de ese partido y por entonces su presidente.

De la exposición de motivos de esa iniciativa, especialmente valiosa si se toma en cuenta que mediante ella sus autores pugnaban contra el sistema que se había utilizado para calificar sus respectivas elecciones, hemos escogido algunos párrafos que nos parecen de interés: "México ha tenido, al fin del proceso electoral, un sistema que confía la calificación de las elecciones a colegios electorales formados por los mismos interesados en dar validez a credenciales obtenidas, con tanta frecuencia, mediante violaciones y maniobras que son sublevante desfiguración de la auténtica voluntad ciudadana. La razón y la experiencia deponen en contra de ese sistema que es gravemente violatorio del principio superior de justicia según el cual, nadie debe ser juez y parte a la vez en una controversia, y da ocasión para burlar el sufragio.

"La trascendencia de este régimen de calificación electoral, radicalmente viciado por la imposibilidad de precisar y exigir jurídicamente responsabilidades, es inmensa sobre todo en nuestra vida pública, porque con él se merma autenticidad a la representación, se bastardea el sistema institucional que la Constitución consagra, se socavan los conceptos de autoridad y de responsabilidad y se descorazona o convierte en pugna incesante y sin eficacia para el Bien, la labor ciudadana que debiera ser deliberación razonable y eficaz sobre los asuntos de la Patria…

"Por ello es demanda unánime de la ciudadanía el abandono de ese sistema injusto, contrario a la razón y el bien político, y su substitución por un régimen que de la mayor garantía posible de independencia y de rigor objetivo a la calificación de las elecciones".

No sin fundamento, la exposición de motivos continúa diciendo que "la irremediable deficiencia de un sistema de calificación como el que actualmente está en vigor en México, ha sido comprobada en muchos otros países". Así, un autor chileno nos dice: "Una dolorosa experiencia recogida a través de largos años llegó a demostrar la incapacidad moral de las Cámaras para calificar las elecciones de sus miembros con la honradez y seriedad que la Constitución había tenido a la vista al conferirle esa facultad"[164]. Ya hemos visto en nuestro capítulo segundo cómo sistemas que consagran el mismo principio de calificación electoral por las Cámaras fueron desde muy antiguo combatidos y cambiados, como sucedió en Inglaterra. En ese mismo capítulo vimos también cómo el sistema norteamericano, no obstante que aún permanece en vigor, no es aceptado por muchos que lo cuestionan y lo califican de anacrónico.

De acuerdo con la misma fundamentación de la iniciativa que venimos examinando, la comprobación a que alude el autor chileno citado ha determinado que en esos países se hayan adoptado "soluciones diversas; pero que, en el fondo, llevan siempre al establecimiento de un órgano distinto del cuerpo formado por los mismos presuntos representantes electos, que, con un criterio objetivo y reglado por la ley, se encarga de juzgar sobre la elección".

Encaminada a rebatir argumentaciones que sus autores sabían de antemano se opondrían contra la iniciativa, la exposición de motivos continúa diciendo. "Cuando en otras ocasiones se ha tratado en México este punto básico para nuestra vida institucional, sugiriéndose la creación de ese órgano específicamente encargado de la calificación justa de las elecciones, se ha levantado en contra el argumento de que tal órgano vendría a constituir un cuarto poder, con gravísimo riesgo para el equilibrio constitucional y para la eficacia y la autenticidad del sufragio. El

---

164 GUERRA, José Guillermo. La Constitución de 1925. Citado por GÓMEZ BRAVO, Elhoy en su Op. Cit. Págs. 60 y 61.

argumento responde más a motivos demagógicos que a razones de verdadera técnica constitucional o de preocupación auténtica por las instituciones democráticas; pero, además es perfectamente posible evitarlo si, en lugar de crear un órgano permanente de calificación de las elecciones, se adopta un sistema que permita la creación y el funcionamiento de ese órgano para cada elección, sin posibilidad de perpetuarse, ni, por tanto, de convertirse en ese Cuarto Poder que se supone tan amenazador para la 'pureza de nuestro régimen electoral' y el equilibrio entre los Poderes" y abunda en ideas ya expuestas en este trabajo acerca de la naturaleza de la función de calificación electoral cuando dice que "ese órgano no debe ni necesita ser representativo. Su función, que es substancialmente una función judicial de investigación de la verdad y de declaración del derecho, no reclama la representación, sino que pide, fundamentalmente, independencia, aptitud y responsabilidad…".

Congruente con otro de los párrafos de su exposición de motivos, según el cual el Tribunal de Elecciones se constituiría especialmente para cada elección y, después de estimar en conciencia los hechos y de calificar conforme a la ley, concluiría su misión y se disolvería para volver a establecerse hasta que hubiese una nueva elección, con otros integrantes, la iniciativa proponía que se reformaran los artículos 60, 81 y 74, fracción I de la Constitución.

En el primero de ellos, la iniciativa, después de encargarle la función de calificar las elecciones de diputados y senadores al Congreso de la Unión, regulaba extensamente todo lo relativo al Tribunal Federal de Elecciones. Debería constituirse "no antes de los treinta ni después de los quince días previos al señalado para una elección", en la Capital de la República, para disolverse hasta que concluyera la calificación respectiva. Se integraría el Tribunal por "dos miembros designados por insaculación de entre los ministros en ejercicio de la Suprema Corte de Justicia de la Nación; por otros dos designados, por el mismo método, de una lista formada con cinco nombres que deberá proporcionar cada uno de los partidos registrados con intervención en la elección de que se trate, y por un miembro más, designado también por insaculación, de la lista de notarios con más de cinco años de ejercicio en el Distrito Federal". Después de referirse a que "los miembros de la Suprema Corte designados para integrar el Tribunal, dejarán de ejercer sus funciones en la Corte durante su actuación en éste" y de fijar los requisitos que deberían reunir en sus personas los miembros del mismo órgano, la iniciativa propugnaba por una serie de medidas tendientes a dar categoría e independencia al propio Tribunal. Sus integrantes tendrían "la misma jerarquía, la misma compensación y las mismas garantías que los miembros de la Corte" y "como ellos" estarían "sujetos a la responsabilidad a que se refiere el Título cuarto" de la Ley Fundamental; los demás funcionarios federales, dependientes de los Poderes Ejecutivo y Judicial deberían "desahogar, dentro de su jurisdicción, las diligencias que el Tribunal les encomiende" y, yendo sin duda demasiado lejos, "el Ejecutivo Federal, los Ejecutivos de los Estados y las autoridades municipales" quedarían obligados a prestar al propio Tribunal, "cuando lo solicite", el auxilio de la fuerza pública; el órgano de calificación electoral, designaría el personal que necesitara para el desempeño de sus funciones y ejercería su propio presupuesto "dentro de la partida que exista o se cree en el presupuesto general de la Federación"; por último, las decisiones del Tribunal serían definitivas e inatacables y calificaría también las elecciones "que deban repetirse por nulidad de las que motivaron su instalación".

Proponía la iniciativa que el artículo 81 de la Constitución fuera adicionado para quedar redactado como sigue:

"Artículo 81.— La elección del Presidente será directa, en los términos que disponga la Ley Electoral, y será calificada por el Tribunal Federal de Elecciones".

Para concluir, la iniciativa proponía se derogara la fracción I del artículo 74 constitucional que como hemos visto, en su primera parte encarga a la Cámara de Diputados la calificación de la elección del Presidente de la República[165].

Esta iniciativa, que, por supuesto puede contener puntos discutibles, representa sin embargo un valioso intento por establecer en México un sistema idóneo de calificación electoral, sistema que, hemos insistido en ello desde el principio de este estudio, es imprescindible para la autenticidad de la representación política. A pesar de tratar sobre un tema de tan vital importancia, la proposición de esos tres legisladores, Juan Gutiérrez Lascuráin, Miguel Ramírez Munguía y Antonio L. Rodríguez, fue rechazada por la Cámara de Diputados el 8 de febrero de 1949 al aprobar un dictamen que con esa misma fecha suscribieron las Comisiones Primera de Gobernación, Segunda de Puntos Constitucionales y de Estudios Legislativos, en el que se trataba de varias iniciativas en materia electoral. El párrafo relativo dice que se "propone la creación de 'un órgano, el Tribunal de Elecciones, que tenga a su cuidado calificar éstas con apoyo exclusivo a los datos objetivos y a las normas de la Ley'. Al examinar lo anterior, necesariamente se concluye que no es posible aceptar la proposición, porque sería tanto como permitir la existencia de un poder superior al Estado mismo"[166]. El mismo argumento que desde la exposición de motivos habían refutado los legisladores autores de la iniciativa, sin que los redactores del dictamen lo hayan expuesto como réplica al razonamiento de aquéllos. Se concretaron a exponerlo escuetamente.

No debemos dejar de señalar que en la obra ya citada por nosotros que editó la XLVI Legislatura de la Cámara de Diputados, no aparece la iniciativa que hemos comentado como proposición

---

165 Tanto la exposición de motivos como el texto de la iniciativa, pueden consultarse en la Revista La Nación No. 321. Págs. 8 y 9. Deben constar también en el Diario de los Debates de la Cámara de Diputados.

166 SANTOYO, Ramón Víctor. Op. Cit. Pág. 269. En esa misma obra se transcribe el texto íntegro del referido dictamen, el cual debe constar también en el Diario de los Debates.

que no prosperó, a pesar de que, con frecuencia, al tratar de los antecedentes y evolución de los otros artículos constitucionales, destina apartados a las iniciativas de reformas que no fueron aprobadas. No sabemos a qué obedece lo anterior. Puede haberlo motivado desde la deficiencia en la investigación, hasta el deseo de quienes dirigieron la elaboración de la obra de no divulgar una iniciativa planteada sobre una cuestión tan delicada para quienes temen establecer las condiciones legales para la autenticidad de la representación política. Repetimos, a pesar de lo encomiable del esfuerzo, la referida obra desgraciadamente no se vio coronada con el éxito total, al no incluir dentro de su valioso contenido la historia parlamentaria de una no menos valiosa proposición que apuntaba un principio de solución en el plano federal, al grave problema de que hemos venido tratando.

Sin dejar de ser perfectible, la iniciativa que comentamos constituye un ejemplo a seguir por las actuales legislaturas del Congreso de la Unión, pues el problema que ataca, el del Colegio Electoral, sigue sin solución, después de casi veinticinco años de haber sido presentada.

POSIBLES SOLUCIONES

Es claro que una corriente que cuenta con numerosos seguidores, aunque no con argumentos sólidos y convincentes, dentro del Derecho Constitucional, ha reconocido la facultad de los Congresos para calificar las elecciones. Hemos comprobado cómo ha influido esa corriente en nuestra legislación, tanto en el nivel federal como en el local. Igualmente resulta claro que en nuestra realidad política el reconocimiento constitucional de esa facultad se adiciona con disposiciones reglamentarias defectuosas que evitan que haya objetividad en la apreciación de los resultados electorales.

Ante situación tan anómala, no podemos adoptar la postura cómoda de sólo criticarla señalando sus numerosos vicios y defectos.

Es preciso proponer alguna solución. Para ello se nos plantea un dilema nada fácil de resolver: o privar a los Congresos federal y locales de la facultad de calificar las elecciones, al menos las de sus propios miembros, o bien, mantener vigente la atribución en las Constituciones que la consagran, cambiando tan sólo las leyes reglamentarias de modo que se ajusten al alcance de los preceptos constitucionales respectivos.

Si lo primero, cabrían dos soluciones: atribuir la facultad a algún otro de los órganos constituidos o crear un órgano que fuera competente para la calificación de los comicios. En uno u otro caso, sería necesario reformar la Constitución Federal y las Constituciones de los Estados y sus respectivas disposiciones reglamentarias.

Si lo segundo, el artículo 60 de la Ley Fundamental y sus correlativos de las Constituciones locales que lo siguen de cerca, permanecerían intactos y solamente se verían modificados las leyes y reglamentos secundarios correspondientes, para quedar en forma parecida a como se encuentran hoy las legislaciones de los Estados de Nuevo León, Sonora y Durango. Dentro de esta misma solución quedarían englobadas las Constituciones locales que, inspiradas en el Reglamento para el Gobierno Interior del Congreso, elevan a norma constitucional la reglamentación que tal ordenamiento hace del Colegio Electoral, pues en esos casos la necesaria reforma constitucional sería en el sentido de conferir al Congreso la tantas veces aludida facultad y reglamentarla de modo que fuesen los legisladores salientes los que calificaran las elecciones.

Esta reglamentación es posible de múltiples maneras, respetando siempre el principio de que debe ser la legislatura saliente la que resuelva sobre las elecciones objetadas, tomando en cuenta resoluciones administrativas y aun judiciales sobre reclamaciones planteadas durante el proceso electoral e imponiendo sanciones penales graves a los miembros de las Cámaras que voten aprobatoriamente dictámenes sobre la validez de las elecciones impugnadas que sean contrarios a los hechos comprobados o a disposiciones expresas de la ley.

Con todo, a la luz de la crítica que hemos hecho a nuestro sistema de calificación electoral y de las experiencias que otras naciones han tenido, así como de las opiniones que nos han servido de base para hacer la crítica, esta última solución no nos convence plenamente, pues aunque conjuraría algunos de los inconvenientes del sistema actual, como el de la violación descarada del principio fundamental de acuerdo con el cual no se puede ser juez y parte a la vez en una misma causa, dejaría otros varios en pie y de lo que se trata es de solucionar la cuestión a fondo. En último caso, podríamos aceptar la adopción de tal solución como un paso intermedio hacia el establecimiento de un sistema que estuviera adecuado a los elementos de la representación política, que hemos visto son el sufragio libremente emitido y honradamente calificado, el juego de los partidos y la coordinada independencia de los diversos órganos del poder político.

Pensamos pues que la solución de fondo se encuentra en la primera proposición de nuestro dilema: privar a los Congresos federal y locales de la facultad de calificar las elecciones, a lo menos las de los integrantes de esos órganos legislativos. Dentro de esa proposición, dijimos, cabe la consideración de dos posibles soluciones, la primera de las cuales consiste en atribuir la susodicha facultad a alguno de los otros órganos constituidos, para lo cual sería sin duda el adecuado el Poder Judicial, dada la naturaleza jurisdiccional que hemos visto tiene la función de calificación de las elecciones.

A este respecto dice el maestro Preciado Hernández: "¿Cuál es el defecto capital de nuestro sistema electoral? Que organiza, aún desde el punto de vista meramente legal, organiza el servicio público electoral en uno solo de los dos elementos básicos que contiene todo buen sistema electoral moderno. Sólo organiza, y a medias, el servicio administrativo electoral: todo lo relativo al registro de electores, a la depuración de las listas electorales, a la integración de los organismos encargados de preparar, vigilar y recibir las votaciones, computándolas.

Pero, ¿qué ocurre si las autoridades administrativas electorales, como es lo más frecuente, no cumplen con los mandatos de la Ley Electoral, si son omisas, o si por el contrario cometen irregularidades graves, que vician el proceso electoral? No hay posibilidad de corregir todas esas irregularidades, porque hace falta al lado del servicio administrativo electoral, el servicio judicial electoral que pueda corregir con oportunidad las omisiones y las irregularidades"[167].

Ese servicio judicial electoral se encuentra establecido, como hemos comprobado, en no pocos países. Vivas sostiene que "la política norteamericana se ha caracterizado por la violencia y la intimidación en los comicios y el fraude electoral; la participación de los empleados públicos federales, estatal y locales ha sido también notoria en el proceso electoral. El fraude electoral y las irregularidades en los comicios norteamericanos muestran una diversidad de tipos: discrepancia en los padrones electorales y el número de personas que votaron realmente, alteración del resultado de los escrutinios; voto de personas no empadronadas; repetidas votaciones por las mismas personas en distintos comicios; mayor número de boletas en las urnas que el de personas que votaron; utilización de boletas marcadas; voto en cadena; alteración o substitución de boletas; etc. toda la gama del fraude electoral conocida ha sido puesta en práctica por los caudillos políticos norteamericanos"[168] y nos hace ver cómo todas esas distintas facetas del fraude electoral han provocado que la opinión pública de los Estados Unidos presione fuertemente al Congreso Federal y a las Legislaturas estatales a expedir leyes correctivas que repriman esas acciones violatorias del ejercicio libre del derecho al sufragio, leyes que naturalmente han exigido para su aplicación y observancia, "la actualización de los tribunales, estatales y federales"[169].

---

167 PRECIADO HERNÁNDEZ, Rafael. Discursos e Iniciativas. 1969—1970. México, 1970. Pág. 66.

168 VIVAS, Jorge, B. Op. Cit. Pág. 101.

169 Ibidem. Págs. 102 a 106.

Contra el aserto de Preciado Hernández en el sentido de que ese servicio judicial electoral no existe en nuestro medio, podría oponerse el texto del párrafo tercero del artículo 97 constitucional, el cual dice que la Suprema Corte de Justicia de la Nación "nombrará a alguno o algunos de sus miembros o algún Juez de Distrito o Magistrado de Circuito o designará uno o varios comisionados especiales... únicamente para que averigüe... algún hecho o hechos que constituyan... la violación del voto público", pero, en verdad, la redacción del precepto es tan imprecisa y timorata que, a más de haber dado lugar a debates interminables en el seno del máximo Tribunal del país, deja incólume la afirmación de Preciado Hernández. Aún quienes han estudiado a fondo la disposición, comparándola con algunas otras de la Ley Fundamental y tratando de desentrañar su alcance y su sentido dentro de ese maremágnum de párrafo que nos obligó a transcribirlo en su parte conducente haciendo repetido uso de los puntos suspensivos, concluyen que proporciona tan sólo un remedio incipiente contra los actos violatorios del sufragio popular. Dice Gómez Bravo en sugerente tesis, que, si bien el artículo 60 de la Constitución da a las resoluciones de las Cámaras al calificar las elecciones de sus miembros el carácter de definitivas e inatacables, "por su parte el artículo 97 confiere a la Corte facultad sin taxativa para investigar los hechos que constituyen violación del voto público. Si la calificación de los Colegios Electorales llega a ser un hecho que constituya la violación del voto público, lógicamente debemos admitir que la facultad investigadora de la Corte se extiende a este acto que es el remate de todo el proceso electoral; y aun nos atrevemos a afirmar que con más razón que a los actos anteriores, puesto que contra éstos las leyes establecen recursos, mientras que contra aquél —que puede constituir la suprema violación del voto— sólo encontramos la facultad de la Corte.

"No tiene por supuesto el Tribunal, dada la actual irresponsabilidad de las Cámaras en función de Colegios electorales, la facultad de anular la elección. Pero si no puede curar la enfermedad por lo menos la pone al descubierto, lo cual es 'conditio sine qua non' para encontrar antídoto adecuado...

"¿En qué situación quedarían las autoridades electas en virtud de comicios calificados de buenos por el Colegio electoral y que no obstante la Corte declara viciados? Sería un conflicto entre la legalidad y el Derecho; pero de ninguna manera insoluble. Dos caminos habría para la autoridad electa mediante comicios fraudulentos: enfrentarse a la declaración de la Corte y ejercer el cargo desafiando la repulsa de la opinión pública o la retirada honrosa de la renuncia. En este último caso, la declaratoria aparentemente ineficaz del Tribunal Supremo, habría alcanzado su máxima eficacia, sin violar ninguno de los preceptos terminantes de la Constitución...

"Cuando la autoridad supuestamente ilegítima no renunciare, persistirá la contradicción entre el hecho y el derecho que no debe extrañarnos, pues semejante situación se origina en el ampro cuando la Corte declara inconstitucional una ley y no obstante se le deja subsistir porque así lo exige el equilibrio de Poderes; e idéntico conflicto surge algunas veces entre la realidad y la verdad legal de una sentencia. La declaración de la Corte tendrá el mérito de poner de manifiesto la contradicción entre el hecho y el derecho que a la larga no pueden coexistir y de apremiar al jurista en la búsqueda de una congrua solución"[170].

Los órganos jurisdiccionales han sido creados no para emitir declaraciones más o menos románticas o "aparentemente ineficaces", sino para determinar a quién favorece el derecho, con fuerza vinculativa. Que en ocasiones la ejecución de las sentencias judiciales se torne difícil o aún imposible, no puede autorizarnos para decidir que en materia electoral esa haya de ser la regla. De modo que estamos de acuerdo con la tesis que examinamos en cuanto descubre graves deficiencias en un servicio judicial electoral tan incipiente que parece que no existe.

Situados en el fondo de la cuestión, tampoco creemos que la encomienda del servicio judicial electoral al poder jurisdiccional constituido pueda resolverla. Múltiples razones nos autorizan a

---

170 GÓMEZ BRAVO, Elhoy. Op. Cit. Págs. 46 y 47.

sostenerlo. Por una parte, en el desahogo de sus funciones comunes y corrientes, los Tribunales, tanto del fuero federal como del común, se ven con frecuencia agobiados por el cúmulo de asuntos que se les plantean. Ello determinaría que en las coyunturas electorales prestaran el servicio de que hablamos en forma poco eficaz. Además de inconvenientes de carácter práctico del tipo del expuesto, hay otros de índole política. Erigir a los jueces comunes en calificadores de las elecciones equivale a depositar en el Poder Judicial una facultad que convertiría a sus miembros en autoridades eminentemente políticas y entonces muy probablemente se buscaría que sus puestos estuvieran ocupados no por competentes profesionales del derecho, aptos para juzgar conforme a los imperativos de la justicia, la seguridad y el bien común, valores éticos fundamentales del derecho, sino por personas comprometidas con los partidos actuantes en el ámbito político. Asimismo, tal erección es tan contraria a la coordinación de los órganos del poder que persigue nuestra Constitución, como el sistema actual. Algunos de nuestros argumentos coinciden con los expuestos por los redactores del Estatuto argentino de los Partidos Políticos a que aludimos en nuestro capítulo segundo: "Los órganos jurisdiccionales en vigor no serán suficientes, no solamente por la especialidad de las tareas que incumbe a los jueces, en materia ajena a sus funciones normales sino también por las nuevas disposiciones proyectadas que requieren la atención permanente de los magistrados. Además, es indispensable uniformar decisiones en cuestiones electorales, sometidas a quince jurisdicciones distintas; centralizar los registros electorales, de afiliados a partidos políticos, de inhabilidades, de faltas y delitos electorales; instaurar un procedimiento de alzada contra las resoluciones de los jueces, y de las Juntas Escrutadoras; vasta y compleja materia que justifica —sin dejar de lado lo aconsejado por la legislación extranjera y los proyectos nacionales al respecto— la creación de la Justicia Federal Electoral"[171].

[171] INFORMACIONES ARGENTINAS. Ministerio de Relaciones Exteriores y Culto. Dirección de Información al Exterior. No. 98. Buenos Aires, mayo de 1945. Págs. 37 y 40.

Queda por examinar la segunda solución que apuntaba al plantear la primera proposición de nuestro dilema. De acuerdo con ella, lo adecuado sería privar a los Congresos de las facultades de calificación electoral que tienen encomendadas, para confiarlas a un órgano de nueva creación que las ejercitara. Ese órgano sería necesariamente un Tribunal, pues la naturaleza de la función que habría de llenar así lo exige.

Algunas opiniones, además de las vertidas por los autores de la iniciativa que comentamos ampliamente en el apartado anterior, apoyan la adopción de tal solución. "El monstruoso sistema del Colegio Electoral en el que los jueces son parte al mismo tiempo, debe ser cambiado por el de un tribunal verdadero, que... para más completa garantía de imparcialidad, para evitar la creación de intereses y apetitos políticos, debe ser un cuerpo no permanente, sino integrado en cada elección para desaparecer al concluir el proceso electoral y formado por personas que objetivamente satisfagan los requisitos de capacidad, rectitud e independencia de criterio, comprobados por firmes antecedentes de honradez y patriotismo", escribió Don Manuel Gómez Morin, uno de los pensadores más destacados de México en las últimas décadas, cuya vida constituye además un elocuente ejemplo de rectitud y de servicio[172].

Se apunta también con acierto, coincidiendo con el pensamiento anterior, que "la Ley ha de prever y reglamentar acuciosamente el desarrollo conveniente del proceso electoral, pues para considerar si la consulta al pueblo ha sido verídica no puede tomarse en cuenta nada más el momento de la emisión del sufragio. Es necesario considerar... la creación de tribunales imparciales que respeten la voluntad del pueblo y decidan con estricto apego a la verdad y a la ley por quiénes ha de constituirse el gobierno representativo; estos tribunales de calificación conviene que se integren por ciudadanos independientes

---

172 GÓMEZ MORIN, Manuel. Diez Años de México, Editorial Jus. México, 1950. Págs. 290 y 291.

que mediante sorteo, sean designados al efecto en ocasión de cada coyuntura electoral, sin más función que la de calificar, en su caso, la elección de que se trate para disolverse una vez cumplida su misión" pues "cuando no se toman medidas que aseguren la imparcialidad y la eficacia de los tribunales calificadores de la emisión del sufragio, se traiciona la democracia, se falsea y se frustra la representación del pueblo"[173].

Preciado Hernández enumera entre las instituciones básicas de un sistema electoral satisfactorio, "un tribunal de tipo judicial que conozca de las impugnaciones de nulidad de las elecciones por irregularidades graves, constituido para calificar determinadas elecciones y que desaparezca una vez cumplida tal función; esto último para evitar que se convierta en un 'superpoder'"[174].

Pero no sólo opiniones, que podrían tacharse de más o menos interesadas, apoyan la posición que hemos adoptado. Se ve fundamentada también por las experiencias legislativas de otras naciones. Estamos así poniendo en práctica el sentido con que hemos entendido el Derecho Comparado en nuestro capítulo segundo.

Hablamos ya de que hay varias constituciones extranjeras que encargan la calificación de los comicios a un tribunal electoral. No es raro que esas constituciones rijan en países donde la representación del pueblo por sus legisladores y gobernantes es bastante real. Concretamente, entre las naciones iberoamericanas, sin duda Chile y Costa Rica son de las que figuran entre las de mayor desarrollo democrático y ambas han adoptado en sus Leyes Fundamentales el sistema contencioso jurisdiccional, como lo llama Duverger.

---

173 ESTRADA SÁMANO, Miguel I. Op. Cit. Págs. 67, 68 y 69.

174 PRECIADO HERNÁNDEZ, Rafael. Presupuestos de la Reforma Democrática en México. Vide nota 134.

¿Qué es éste un sistema extraño para la legislación mexicana? No del todo, desde el momento en que se encuentra establecido en una de nuestras Leyes Electorales y dado que ya fue propuesto en una ocasión para ser adoptado en el plano federal.

Adoptarlo implicaría, eso sí, llevar a cabo numerosas reformas en una legislación que, examinada con el interés de someterla a crítica rigurosa, parece haber sido concebida para obstaculizar indefinidamente el advenimiento de un régimen razonablemente democrático en México.

V. Conclusión

Una tesis es, por definición, una proposición que se sostiene y que es debatible; no es más que una opinión sujeta a controversia. Pero para llegar a sostener esa proposición o a emitir esa opinión, es preciso llevar a cabo un razonamiento, con base en una amplia investigación. Hemos analizado, con apasionado interés, el sistema mexicano de calificación electoral y con base en ese análisis hemos razonado.

De modo que estamos en posibilidad de sostener nuestra proposición, de emitir nuestra opinión:

Es inevitable que un sistema electoral resulte siempre fallo, si el recuento de los votos no es objetivo y si la calificación de la elección no se confía, como es debido, a un cuerpo que pueda hacerla con independencia y con arreglo a derecho. Nuestra propia dolorosa experiencia, pues hemos asistido a sesiones de colegios electorales, clama contra la subsistencia del sistema en el que son llamados a calificar la elección —jueces y partes—, los propios interesados en su resultado. La adopción de ese sistema pudo tener una explicación teórica: la necesidad de salvaguardar la autonomía del Poder Legislativo y, por tanto, de no crear un cuarto Poder, el Electoral, que vendría a ser prácticamente superior a los demás. Esa explicación carece de eficacia para fundar la continuación del monstruoso régimen actual, pues a más de ser anticuado e híbrido y de violar principios fundamentales de derecho, resulta manifiestamente inconstitucional.

Apuntamos como una solución no radical para que dicho sistema deje de ser contrario a la Ley Fundamental y se conjure la violación que de algunos principios jurídicos fundamentales hace en la actualidad, la consistente en que, conservándose la facultad de calificación electoral en favor de las legislaturas federal y locales, se reglamente debidamente, encargándose la calificación a las legislaturas salientes y estableciendo claramente las normas a que éstas deben sujetarse en el desempeño de esa función, con objeto de garantizar la objetividad e imparcialidad de sus resoluciones.

Sostenemos que la solución profunda, de raíz, es privar a los Congresos federal y locales de las facultades de calificación que actualmente tienen encomendadas, para confiarlas a un órgano de nueva creación. Es posible, perfectamente factible, crear en los niveles federal y local, con carácter temporal, pasajero, sin posibilidad de que se erija en un Poder, rodeándolo de garantías de independencia y puntualizando su gravísima responsabilidad, un órgano, el tribunal de elecciones, que tenga a su cuidado calificar éstas con apego exclusivo a los datos objetivos y a las normas de la Ley. Ese órgano sería constituido para cada elección, con un sistema que excluyera en lo posible la parcialidad y que, sin prejuicio de la función trascendentalísima que al tribunal correspondiera, del decoro y de la responsabilidad que debería de tener, impidiera cualquier intento de perpetuación que pudiere significar desequilibrio en nuestras instituciones fundamentales.

Varias formas concretas de organización del tribunal de elecciones que llenaran los requisitos señalados podrían concebirse. Por vía de ejemplo y ciñéndonos al nivel federal, podría integrarse por cinco miembros, pues nos parece que ese sería el número más conveniente, de los cuales el Presidente sería nombrado por el Presidente de la República bajo su estricta responsabilidad, y los otros cuatro se designarían por insaculación o sorteo de entre los ciudadanos que al efecto propusieran, en número limitado y mediante listas, los partidos contendientes en la elección. También por vía de ejemplo, otra fórmula muy apegada a la tendencia de nuestra Ley Fundamental hacia el establecimiento de la coordinación de los órganos del poder político, sería aquella de acuerdo con la cual el tribunal se integraría por dos ministros de la Suprema Corte de Justicia de la Nación designados por el Pleno de ésta, a mayoría de votos;

por un diputado y un senador en ejercicio al momento de la elección, nombrados por mayoría de votos de los miembros de sus respectivas Cámaras y por un quinto miembro designado por el Presidente de la República. Tanto en ésta como en la primera fórmula, el tribunal contaría con los servicios de un secretario quien, para el eficaz desempeño de sus funciones, sería perito en derecho. En el nivel local podrían adoptarse sin mucha dificultad fórmulas equivalentes o semejantes y, tanto en este último nivel como en el federal, las leyes reglamentarias señalarían con detalle los requisitos que deberían llenar los miembros del tribunal electoral y regularían lo relativo a su funcionamiento y al procedimiento que ante él se ventilaría, el cual necesariamente tendría el carácter de sumario para que el tribunal pudiera desahogar los casos a él encomendados dentro del plazo perentorio con que contaría.

Las formas de integración del tribunal de elecciones no contraria a los principios y a la técnica de la democracia ni a los elementos de la representación política podrían multiplicarse y la adopción de cualquiera de ellas, la que se considerara más operante y apegada a dichos principios, técnica y elementos, tal como se ha hecho en otros países, sin duda traería consigo un perfeccionamiento de nuestros procesos electorales, pues las autoridades encargadas de prestar el servicio electoral y los contendientes en los comicios se verían forzados a conducirse con apego a la Ley, sabedores de la existencia de un tribunal de derecho siempre presto a corregir sus defectos, a reprimir sus abusos, a impartir, en suma, la justicia electoral que la situación nacional pide a grandes voces. Es necesario atender esa exigencia antes de que sea demasiado tarde.

Bibliografía

ACCIÓN NACIONAL. La Reforma Política. Necesidad de la Reforma Electoral. México, 1942.

Representación Política. Reforma del Sistema Electoral. México, 1941.

BECERRA BAUTISTA, José. Introducción al Estudio del Derecho Procesal Civil. Primera Edición. Editorial Jus. México, 1957.

CABANELLAS, Guillermo. Diccionario de Derecho Usual. Sexta Edición. Bibliográfica Omeba, Buenos Aires, 1968.

CALDERON VEGA, Luis. El 96.47% de los mexicanos. Ensayo de Sociología Religiosa. Editorial Fimax. Morelia, Mich. 1964.

CAPONIGRI, A. Robert. Pensadores Católicos contemporáneos, Antología. Ediciones Grijalbo. S. A. Barcelona, 1964.

CASARES NICOLÍN, David; GONZÁLEZ, Genaro María; ORTEGA, Víctor Manuel. Homenaje al Sr. Lic. Dn. Manuel Herrera y Lasso en el Primer Aniversario de su fallecimiento. Editorial Luz. México, 1968.

CASTRO, Juventino V. Hacia el Amparo Evolucionando. Editorial Porrúa, S.A. México 1971.

XLVI LEGISLATURA DE LA CÁMARA DE DIPUTADOS. Derechos del Pueblo Mexicano, México a través de sus Constituciones. México, 1967.

DE LA TORRE, Juan. Guía para el estudio del Derecho Constitucional Mexicano. Tipografía de J.V. Villada. México, 1886.

DEL TORO CALERO, Luis. Sistemática Electoral Mexicana. Prólogo de Octavio A. Hernández. Editorial Porrúa. México, 1970.

DUVERGER, Maurice. Instituciones Políticas y Derecho Constitucional. Ediciones Ariel. Barcelona, 1962.

Los Partidos Políticos. Fondo de Cultura Económica. México, 1969.

ECHEVERRÍA, Luis. Mensaje al Pueblo de México. Edición de Cultura y Ciencia Política, A.C. México, 1970.

ENCICLOPAEDIA OF THE SOCIAL SCIENCES. The Mac Millan Company. New York, MLMLIX.

ESTRADA ITURBIDE, Miguel. Discurso pronunciado en la Cámara de Diputados de México con ocasión de la visita de una Delegación de Parlamentarios de Guatemala. Solidaridad Parlamentaria Guatemala-México. Imprenta de la H. Cámara de Diputados. México, 1967.

ESTRADA SÁMANO, Francisco Xavier. El Problema de la Justificación del Estado. Tesis Profesional. Universidad Nacional Autónoma de México. México, 1967.

ESTRADA SÁMANO, Miguel I. Notas sobre la Democracia y la Representación Política. Tesis Profesional. Universidad Nacional Autónoma de México. México, 1959.

ESTRADA SÁMANO, Rafael. Estudio sobre el Colegio Electoral. Escuela Libre de Derecho. Seminarios. 3er año. México, 1969.

La Constitucionalidad, a partir del examen de la Ley para el Control, por parte del Gobierno Federal, de los Organismos Descentralizados y Empresas de Participación Estatal, Escuela Libre de Derecho. Seminarios 4° año. México, 1970.

EXCELSIOR, el Periódico de la Vida Nacional. Juez y Parte Electoral. Página Editorial. México, 8 de julio de 1970.

GARCIA MÁYNEZ, Eduardo. Introducción al Estudio del Derecho. Séptima Edición. Editorial Porrúa. México, 1956.

GÓMEZ BRAVO, Elhoy. El Artículo 97 párrafo 3° Constitucional y la Corte Suprema. Tesis Profesional. Escuela Libre de Derecho. México, 1959.

GÓMEZ MORIN, Manuel, Diez Años de México. Editorial Jus. México, 1950.

GONZÁLEZ L. MORFIN. PRECIADO HERNÁNDEZ. GÓMEZ MORIN. GONZÁLEZ HINOJOSA. Cuestiones Políticas y Sociales. Ediciones de Acción Nacional. México, 1965.

GONZALEZ LUNA, CHRISTLIEB IBARROLA, PRECIADO HERNÁNDEZ, GÓMEZ MORIN. GONZÁLEZ TORRES. La Democracia en México. Editorial Jus. México, 1962.

GONZALEZ LUNA, Efraín. Discurso. Revista La Nación. No 387. México, 14 de marzo de 1949.

Humanismo Político. Editorial Jus. México, 1955.

GONZÁLEZ URIBE, Héctor. El Problema de la Representación Política y la Solución Corporativa. JUS, Revista de Derecho y Ciencias Sociales. México, 1940.

GUTIÉRREZ LASCURÁIN, Juan. RAMÍREZ MUNGUÍA, Miguel. RODRÍGUEZ, Antonio L. Iniciativa de Reformas a los Artículos 60, 81 y 74 Constitucionales. Revista La Nación No. 321. México, 6 de diciembre de 1947.

HAMILTON, MADISON Y JAY. El Federalista. Prólogo y Versión Directa de Gustavo R. Velasco. Segunda Edición. Fondo de Cultura Económica. México, 1957.

HERRERA Y LASSO, Manuel. Discurso. Revista La Nación No. 256. México, 7 de septiembre de 1946.

INFORMACIONES ARGENTINAS. Ministerio de Relaciones Exteriores y Culto. Dirección de Información al Exterior. No. 98. Buenos Aires, mayo de 1945.

LANZ DURET, Miguel. Derecho Constitucional Mexicano y consideraciones sobre la realidad política de nuestro régimen. Segunda Edición. México, 1933.

LEGISLACIÓN. Constitución Política de los Estados Unidos Mexicanos. Ediciones Andrade. México, 1970.

Constitución Política de la República de Chile y Reglamento del Senado. Imprenta Universo. Santiago, 1958.

Constitución Política de la Republica de Costa Rica (7 de noviembre de 1949). Asamblea Legislativa. Imprenta Nacional. San José, 1965.

Ley de Amparo. Editorial Porrúa. México, 1969.

Ley Electoral Federal y Prontuario. Edición de la Comisión Federal Electoral. México, 1970.

Ley Electoral del Estado de Jalisco. Guadalajara, 1948.

Ley Fundamental de la República Federal de Alemania. Departamento de Prensa e Información del Gobierno Federal Alemán, 1971.

Ley Orgánica Municipal. Edición Oficial. Editorial "Erandi" del Gobierno de Michoacán. Morelia, 1962.

Reglamento para el Gobierno Interior del Congreso General de los Estados Unidos Mexicanos. Imprenta de la Cámara de Diputados. México, 1964.

Verfassungs-und Verwaltungsgesetze der Bundesrepublik. C.H. Beck´sche. Band I. Verlagsvuchhandlung. München, 1970.

MEDINA CORREA, Antonio. El Sistema Electoral Mexicano. Análisis Crítico de la Ley Federal Electoral. Tesis Profesional. Universidad Autónoma de Guadalajara. Guadalajara, 1970.

MESSNER, Johannes. La cuestión social. Ediciones RIALP, S.A. Madrid, 1960.

MIRKINE-GUETZEVITCH, B. Las Nuevas Constituciones del Mundo. Editorial España. Madrid, 1931.

MORENO SÁNCHEZ, Manuel. Crisis Política de México. Editorial Extemporáneos. México, 1970.

PEQUEÑA BIBLIOTECA HERDER. El Mundo del Derecho. Traducción del alemán por E. Valenti. Editorial Herder. Barcelona, 1963.

PRECIADO HERNANDEZ, Rafael. Discursos e Iniciativas. 1969-1970. México, 1970.

Discursos Parlamentarios. Democracia – Símbolos Patrios – Justicia – Educación. Editorial Jus. México, 1968.

I.– Instituciones para un buen régimen electoral. II. – La representación política en el medio siglo XIX. III.- La representación política en el medio siglo. Revista La Nación. No. 463. México, 28 de agosto de 1950.

Lecciones de Filosofía del Derecho. Quinta Edición. Editorial Jus. México, 1967.

Presupuestos de la Reforma Democrática en México. Conferencia dictada en la Facultad de Ciencias Políticas de la Universidad Nacional Autónoma de México. México, 21 de octubre de 1970. Publicada en Los Problemas Nacionales. Facultad de Ciencias Políticas y Sociales. Serie Estudios. 23 U.N.A.M. México 1971.

RABASA, Emilio. La Constitución y la dictadura. Estudio sobre la organización política de México. Tercera edición. Editorial Porrúa. México, 1956.

REDFORD, Emmettes; TRUMAN, David B,; HACKER, Andrew; WESTIN, Alan F; WOOD, Robert C. Politics and Government in the United States. Hancourt, Brace and World, Inc. New York, 1965.

REPÚBLICA DE COLOMBIA. Ministerio de Gobierno. Código de Elecciones. Compilación ordenada por el Ministro. Dr. Darío Echandía, coordinada y dirigida por el Dr. Ramón Rosales. Imprenta Nacional. Bogotá, 1943.

SÁNCHEZ CIFUENTES, Álvaro. Derecho Electoral. Editorial El Arte. Manzanillo, Cuba 1945.

SANTOYO, Ramón Víctor. Hechos y hombres del parlamento. México, 1955.

STEELE COMMAGER, Henry. Documentos básicos de la Historia de los Estados Unidos de América. Servicio de Información de los Estados Unidos. Washington, s/f.

SUÁREZ TÉLLEZ, José María. ¿Quiere Ud. ser diputado? Colección de Estudios Políticos y Sociales. México, 1946.

TENA RAMÍREZ, Felipe. Derecho Constitucional Mexicano. Novena Edición. Editorial Porrúa. México, 1968.

Leyes Fundamentales de México 1808-1964. Segunda edición. Editorial Porrúa. México, 1964.

VIVAS, Jorge B. Sufragio, representación popular y sistema electoral estadounidense. Imprenta del Congreso de la Nación. Buenos Aires, 1957.

WELTY, Eberhard. Catecismo Social. Editorial Herder Barcelona, 1957.

WILIKIE, James y Edna MONZON DE WILKIE. México visto en el siglo XX. Entrevistas de historia oral. Instituto Mexicano de Investigaciones Económicas. México, 1969.